VOCÊ PRECISA DE RESPOSTAS

Manual de espiritualidade

Solicite nosso catálogo completo, com mais de 350 títulos, onde você encontra as melhores opções do bom livro espírita: literatura infantojuvenil, contos, obras biográficas e de autoajuda, mensagens espirituais, romances palpitantes, estudos doutrinários, obras básicas de Allan Kardec, e mais os esclarecedores cursos e estudos para aplicação no centro espírita – iniciação, mediunidade, reuniões mediúnicas, oratória, desobsessão, fluidos e passes.

E caso não encontre os nossos livros na livraria de sua preferência, solicite o endereço de nosso distribuidor mais próximo de você.

Edição e distribuição
EDITORA EME
Caixa Postal 1820 – CEP 13360-000 – Capivari – SP
Telefones: (19) 3491-7000 | 3491-5449
Vivo (19) 9 9983-2575 ◉ | Claro (19) 9 9317-2800
vendas@editoraeme.com.br – www.editoraeme.com.br

VOCÊ PRECISA DE RESPOSTAS

Manual de espiritualidade

Alciene Ribeiro

Capivari-SP

© 2018 Alciene Ribeiro

Os direitos autorais desta obra foram cedidos pela autora para a Editora EME, o que propicia a venda dos livros com preços mais acessíveis e a manutenção de campanhas com preços especiais a Clubes do Livro de todo o Brasil.

A Editora EME mantém o Centro Espírita Mensagem de Esperança e patrocina, com outras empresas, instituições de atendimento social de Capivari-SP.

1ª reimpressão – janeiro/2019 – de 2.001 a 3.000 exemplares

CAPA | André Stenico
PROJETO GRÁFICO E DIAGRAMAÇÃO | Marco Melo REVISÃO | Editora EME

Ficha catalográfica

Ribeiro, Alciene, 1939
   Você precisa de respostas – Manual de espiritualidade / Alciene Ribeiro – 1ª reimp. jan. 2019 – Capivari, SP: Editora EME.
   176 p.

   1ª edição: setembro/2018
   ISBN 978-85-9544-074-6

1. Espiritismo. 2. Mediunidade. 3. Manual para principiante. 4. Iniciação espírita.
I. TÍTULO.

CDD 133.9

SUMÁRIO

Homenagem 7
Agradecimentos 9
A maior caridade...11

Capítulo I
Palavras iniciais...15

Capítulo II
Classificação dos espírito 31

Capítulo III
Transformação do espírita....................................39

Capítulo IV
Vida profissional...45

Capítulo V
Programa de vida..51

Capítulo VI
Espíritos simpáticos..55

Capítulo VII
Casamento..61

Capítulo VIII
Alguns males modernos 67

Capítulo IX
Ação e reação 75

Capítulo X
Reencarnação 81

Capítulo XI
Enfermidades 87

Capítulo XII
Eutanásia 93

Capítulo XIII
Aborto 99

Capítulo XIV
Morte 105

Capítulo XV
O corpo após a morte 113

Capítulo XVI
Sobrevivência do espírito 121

Capítulo XVII
Intercâmbio com os mortos 129

Capítulo XVIII
Mediunidade 139

Capítulo XIX
Mediunidade: outros aspectos 143

Capítulo XX
Magnetismo 151

Capítulo XXI
Caridade 157

Capítulo XXII
Brasil, coração do mundo, pátria do evangelho 163

Conclusão 173

HOMENAGEM

Que este livro se converta em bênçãos para os espíritos:

Áurea Muniz de Oliveira Fratari
Ex-Presidente da Fraternidade Espírita Cristã,
Ituiutaba-MG

Renasceu: 05-08-1928
Desencarnou: 17-04-1990
(Em 1987, alertou-me para as evidências da própria mediunidade).

Santo Muniz (Vovô Santo)
Patrono da Sopa Fraterna na Fraternidade Espírita Cristã,
Ituiutaba-MG

Renasceu: 26-08-1904
Desencarnou: 07-11-1972
(Meu pai nesta encarnação, liga-se a mim desde o pretérito distante).

AGRADECIMENTOS

A DEUS, QUE PERMITIU a publicação destes apontamentos.

A Jesus, rogando que os aceite – grãos de areia na edificação do reino do Pai no planeta

Aos espíritos benfeitores, que me assistiram através da inspiração, e, em certas passagens, por ditados mediúnicos.

A destacar Irmão Salustiano, identificado entre eles, que nos assevera:

> É urgente corrigir os equívocos que rondam letra e espírito da Doutrina do Cristo. Só o conhecimento, pelo estudo aplicado, nos preserva de servir ao engodo dos adversários do bem. Saibamos distinguir seus objetivos sublimes, daqueles que só servem aos interesses temporais.
> APRENDER PARA ENSINAR: toda criatura de Deus tem o dever de espalhar a luz. Alertando aos espíritas principiantes, eles pisam com mais segurança no terreno da nova revelação.

À Congregação Espírita Feminina Casa de Betânia, Belo Horizonte (MG).

A MAIOR CARIDADE

Nem se acende uma candeia para colocá-la debaixo do alqueire, mas no velador, e alumia a todos que se encontram na casa.
JESUS (Mt 5:15)

AS PALAVRAS DE JESUS, com que abrimos este prefácio, estão em perfeita harmonia com a observação, sábia e oportuna, de Emmanuel, mentor espiritual do querido médium Francisco Cândido Xavier, na qual enfatiza a necessidade e importância da difusão do espiritismo – o nosso abençoado tesouro: *A maior caridade que praticamos em relação à doutrina espírita, é a sua própria divulgação.*

A frase-conselho da respeitável entidade representa, além de bondosa advertência, uma fraterna diretriz para o obreiro espírita-cristão.

É que a mensagem doutrinária, alimentada pela seiva do Evangelho de Jesus, beneficia indivíduos e comunidades, iluminando mentes e corações para o esforço em prol das conquistas superiores do espírito imortal.

Servindo-nos, ainda, da sabedoria de Emmanuel, lembraríamos, com ele, que:

— *O livro espírita é chuva que fertiliza lavouras imensas, espalhando o amor, refletindo a luz divina, renovando e pacificando.*

Ante a excelsitude do pentateuco-luz-kardequiano, clarificado pela boa-nova do divino amigo de todos os milênios, modificando-se os quadros e expressões das lutas humanas, alteram-se os fundamentos da sociedade.

Evangelho e espiritismo, associados, são aquela força, aquela energia que promana dos céus, abençoando e restaurando. Bezerra de Menezes, o amado benfeitor espiritual do Brasil, no livro *Bezerra, Chico e você*, psicografado por Chico Xavier, nos ensina: ...*Jesus na revelação e Kardec no esclarecimento resumem para nós códigos numerosos de orientação e conduta.*

Jesus, Allan Kardec e Emmanuel, este com as sublimes explicitações que consubstanciam seu trabalho, abrem, sob as bênçãos de Deus, nosso Criador e Pai, novos caminhos para o crescimento e consequente progresso do homem, levando-o à maturidade espiritual, dilatando-lhe a compreensão, acrisolando-lhe as qualidades nobres.

O livro espírita, onde chega, por sublime visitante, é

bálsamo para o espírito e o corpo, restabelecendo e consolidando o equilíbrio psicofísico.

A divulgação da doutrina espírita, através do livro e do jornal, da revista e da mensagem avulsa, do rádio e da televisão, constitui honrosa prioridade das casas espíritas e dos servidores conscientes e de boa vontade.

A obra que temos a satisfação de prefaciar reúne comentários sobre temas cuja divulgação é de real oportunidade, evidenciando-se, do começo ao fim, o empenho da autora, Alciene Ribeiro Leite, em focalizar assuntos que falam de perto aos significativo interesses da alma humana. Bem identificada com a atividade literária, escritora que é, atinge, em seu livro, objetivo de relevância: apresentar e comentar, em linguagem clara, considerações de efetiva utilidade para o ser humano.

O pensamento dos espíritos e de Allan Kardec, exposto na codificação espírita, recebe apreciações adequadas, acessíveis aos leitores de todos os níveis intelectuais, detalhe essencial na tarefa divulgatória do espiritismo.

Interpretando muito bem os assuntos selecionados para a feitura do seu trabalho, a autora trata-os com seriedade, revestindo-os com os preceitos doutrinários e evangélicos.

A obra, além de objetiva, é bastante didática. Não traz modismos, nem inovações, tão a gosto dos tempos hodiernos, que, obviamente, nada acrescentariam ao patrimônio cultural e sentimental dos leitores.

Louve-se, assim, o nobilitante trabalho da autora.

Belo Horizonte, junho, 1992*.

J. Martins Peralva

---

* Prefácio feito pelo escritor J. Martins Peralva, por ocasião da organização do livro, quando encarnado. Ele foi 1.º secretário e vice-presidente da União Espírita Mineira. É autor de *Estudando a mediunidade*, *O pensamento de Emmanuel* e *Mediunidade e evolução*, editados pela FEB (Federação Espírita Brasileira), e de *Mensageiros do bem*, editado pela UEM (União Espírita Mineira).

Capítulo I

PALAVRAS INICIAIS

NÃO TEMOS A PRETENSÃO de que este livro seja um guia ou roteiro infalível. Mas, julgamos útil narrar experiências e esclarecer, ao menos por alto, dúvidas que assolam o novato. Nestas páginas o leitor se identificará com situações próprias da condição de aprendiz do ABC espírita.

1. POR QUE PROCUROU O ESPIRITISMO?

Há pouco você transpôs a porta do centro espírita. Vejamos algumas das razões que mais amiúde nos convidam à religião espírita, sem discriminação de sexo, idade, posição social ou grau de instrução:

a – O acaso.
b – Apelo íntimo.
c – Sonho.
d – Descontentamento.

e - Separação.
f - Morte de pessoa querida.
g - Curiosidade.
h - Convite inesperado.
i - Problemas diversos.

a - O acaso

Passando pela rua a pessoa resolve, ao avistar o letreiro, entrar na casa espírita. Como por acaso. Mas o acaso não existe, nem coincidência, sorte e azar. Acaso é o resultado do trabalho de inteligências invisíveis, espíritos que nos acompanham na Terra, e sua influência sobre nós

Espíritos encarnados, temos amigos no mundo espiritual, ou seja, conhecemos gente do lado de lá. Os conhecidos do tempo anterior ao uso da veste de agora – nosso corpo – interessam-se pelo que fazemos. Igualmente os que encontramos nesta vida e já partiram de volta, como as relações estabelecidas durante encarnações passadas.

Essas entidades trabalham para que o **acaso** se concretize. Provocam situações, encontros, sugerindo-nos, pela inspiração, tal ou qual atitude. Os fatos com características de coincidência, acaso etc., se sucedem à nossa revelia, visando a sequência de um programa prévio para cada um de nós.

b - Apelo íntimo

Se a busca de uma instituição espírita ou médium de confiança tem raízes num apelo íntimo, reflitamo

Os amigos da outra dimensão vibratória sabem dos

sucessos e insucessos de cada um. Preocupam-se quando há desvio do caminho traçado, visando sempre o progresso espiritual. E tudo fazem na tentativa de reorganizar o roteiro.

Um pensamento sugerido durante a vigília, conselhos nos encontros enquanto o corpo dorme etc. A vontade interior de procurar apoio na religião resulta, muitas vezes, desse socorro da Providência.

Já os assuntos de ordem material só ocupam a atenção dos benfeitores de outra esfera, quando repercutem na evolução do espírito.

c - Sonho

Ao dormirmos, o espírito se liberta parcialmente e age no plano invisível. Encontra outros espíritos, encarnados e desencarnados.

É voz corrente que o sono é bom conselheiro. Ao despertar, após encontros com amigos do lado de lá, trazemos, senão a solução, alguma saída ou a coragem para enfrentar problemas pendentes.

De ordinário, atribuímos a nós mesmos a nova resolução, porque acordamos *com uma coisa na cabeça, uma inspiração*. Seguimos a intuição, e nos damos bem, sem sequer imaginar a sua fonte. Mas Deus não se ressente da ingratidão e continua, na Sua misericórdia, a permitir que os benfeitores venham em nosso socorro.

No geral só ficam vagas lembranças dos sonhos. A Providência preserva assim a integridade do cérebro, que não suportaria a carga de tantas recordações. Mas os conselhos bons ou não ficam **armazenados** no subconsciente.

Também a procura pelo espiritismo porque **sonhamos** com espíritos, caracteriza encontros com protetores desejosos de nosso progresso. Eles nos advertem da necessidade de cuidarmos da saúde da alma.

d - Descontentamento

Felicidade passa desapercebida, não pesa. Mas, no momento em que nuvens toldam o delicioso *far niente*, sentimo-nos ameaçados e buscamos alternativas para garantir a tranquilidade. Ninguém, em sã consciência, pode dizer: sou feliz. As próprias condições da Terra, planeta que, ao longo do III milênio, passa da categoria de provas e expiações para a de regeneração, o impedem.

Estado próprio de espíritos perfeitos e mundos melhores, a felicidade é conquista por fazer. Daí, ser atitude utópica persegui-la.

Há os que conseguem a convivência pacífica com os desníveis sociais, doenças, guerras, violência – desde que estejam além da sua porta. Mas, no dia em que o dedo da justiça divina cobra o débito do passado, podem refletir em termos coletivos.

As vicissitudes sacodem o marasmo e a indiferença. Se os que as sofrem merecem consolo e assistência, são naturalmente encaminhados ao cultivo da fé e da esperança. Caso tenham certa compreensão do seu estado como seres transitórios e necessitados, buscam o apoio religioso. Em ambos os casos a opção é pela religião que prodigaliza respostas mais racionais: a espírita, por que não?

e - **Separação**

O mundo parece ruir aos pés de quem se vê abandonado por um ser querido. Esgotam-se argumentos e recursos na tentativa de reverter o quadro.

Como nos casos de doenças graves, a parte lesada passa por três fases distintas: negação, barganha e aceitação. Na negação, ela se recusa a crer no fato: *Não, isso não está acontecendo comigo*. Na barganha, propõe troca: *Você volta, que agora vai ser diferente*. E na aceitação: *Se não tem remédio, remediado está; vou me esforçar para melhorar a situação*.

Em quaisquer das etapas o espiritismo tem sido valioso suporte. Na primeira, evita o desespero e a procura por seitas de mediunismo. Médiuns profissionais, que oferecem trabalhos miraculosos, são portas abertas a casos de obsessão. Estes são assessorados por entidades ignorantes e equivocadas, que enredam nas suas malhas o frágil e desprevenido crente.

Precavenha-se o leitor de se envolver com médiuns mercenários: ledores de sorte, jogadores de cartas ou búzios, esses que oferecem soluções para tudo em propaganda.

Na segunda fase, a da barganha, o espiritismo sustenta a fé e a esperança em dias melhores. E na terceira, atingida a compreensão da irreversibilidade, é ainda o espiritismo a fornecer a base sólida para a reformulação do programa de vida.

Convém, a todo aquele que passa por crise existencial, a reflexão sobre os porquês da transição. Todo feito, ao longo da existência presente ou passada, tem resposta. Não seria a solidão de agora o retorno de ação infeliz no passado milenar?

Analisemos os fatos sob o prisma do destino do espírito e sua trajetória desde tempos imemoriais.

Às vezes, o apego demasiado às pessoas sufoca, deteriorando para a possessividade. O egoísmo, próprio do nosso atual estado evolutivo, algema o objeto amado, impedindo-o de buscar rumos novos, necessários ao seu progresso.

Compensa uma alegria fictícia, ao peso da tristeza dos presidiários de um afeto dominador? Muitas vezes há engano, em se tratando do amor entre sexos, julgando ser o desertor a metade do que fica. Para os desígnios de Deus, que ignoramos, o afastamento pode ser abertura de espaço à aproximação de outra alma em novo trabalho de crescimento por Ele desejado.

Há, sempre, um motivo oculto nas vicissitudes a que nos sujeitamos. Deus promove os ajustes de acordo com as pendências em curso. Ao endossar separações dolorosas, evita complicações futuras ao espírito, convocado a progredir, mesmo que não o queira.

f - Morte de pessoa querida

A morte se nos afigura como algo cruel e sem solução. Perder um ser querido é uma catástrofe. Vem, desde logo, a necessidade natural de saber se ele continua existindo no outro lado. Sente-se o desejo ardente de notícias.

Nenhuma religião dá respostas lógicas a essa expectativa, como a espírita. Ela mostra, apoiada na ciência e na razão, que morrer é mera transformação de vida; que, deixando o corpo carnal, a alma, ou o espírito, prossegue com as mesmas características de antes.

A pessoa morta continua igual ao que era, até na aparência. E conserva toda a bagagem moral, intelectual e emocional.

O espiritismo não pede fé cega. Demonstra, pelo raciocínio e pelos fatos palpáveis, a consoladora verdade de que somos imortais.

g - Curiosidade

Fala-se muito de fenômeno espírita, de aspecto fantástico e sobrenatural das práticas espiritistas. Certo tipo de imprensa sensacionalista, cinema de horror, literatura equivocada, enfim: a mídia apelativa, e a ignorância, alimentam esse mito.

A busca de sensações fortes, excitação pelo desconhecido, o espírito de aventura têm decepcionado muita gente que vai a um centro espírita cristão. Dizemos cristão, porque alguns locais exploram o mediunismo puro e simples, sem ligação com o Evangelho de Jesus. Nos cristãos, o fenômeno mediúnico não é usado como prática exibicionista nem com o fito de impressionar. O iniciante não toma contato com a mediunidade ostensiva, senão após preparo que o preserve dos escolhos próprios dos desavisados. A prática mediúnica evangélica exige dos iniciados renovação moral, só conseguida pelo estudo e perseverança.

Mas não importa seja a curiosidade o impulso que nos leve a buscar o espiritismo. Tão logo tomemos contato com os conteúdos doutrinários, a disposição interior sofre benéficos efeitos. O fenômeno mediúnico de aparições, vozes etc., passa a ocupar o justo lugar em importância. Ou seja, ele é um aspecto intrínseco ao espiritismo, mas não fundamental à vivência reta e coerente com o evangelho. O principal na doutrina é a concepção filosófica que leva à transformação, ou seja, à reforma íntima, renovando e melhorando o homem.

Logo, a curiosidade que conduz à investigação, e daí à descoberta e ao conhecimento, é saudável. Age como mola propulsora de progresso.

Em tudo o espiritismo, no seu tríplice aspecto de ciência, filosofia e religião, obedece a Leis Naturais tão antigas quanto o próprio universo. Mas, não tendo a natureza se desvendado integralmente em relação às suas próprias potências, superstição e sobrenatural ganham corpo.

h - Convite inesperado

Amigos espirituais nos assistem. Um deles é o que chamamos anjo da guarda. Os anjos da guarda intercedem por nós junto às entidades mais elevadas. Vendo-nos preparados, convidam-nos a cuidados mais efetivos com o futuro do espírito. Chamam-nos ao contato com o Evangelho de Jesus – modelo ideal. Se não ouvimos o convite telepático, nem por isso eles nos abandonam. Somos seus tutelados do coração e só querem o nosso bem.

Não regateando esforços para nos ajudar, os anjos da guarda podem recorrer à pessoa de nossa relação, cujas mentes estejam melhor sintonizadas. Atuam sobre ela, inspirando-lhe o convite ignorado. Casualmente o amigo ou parente nos aborda: ora é um convite para conhecer o grupo de jovens da casa espírita que ele frequenta; ora para visita a um médium amigo; ora um telefonema nos convoca a esse ou aquele local, onde nos deparamos com uma pessoa, médium desenvolvido, palavra esperada; ora uma carta sob medida nos cai às mãos; um folheto com mensagem adequada ao nosso caso, e assim por diante.

Aos primeiros contatos com a doutrina espírita o convidado, estando preparado e receptivo, se enternece com a nova revelação: o verdadeiro destino das criaturas, o porquê das dificuldades, a razão de estarmos aqui, agora. Enfim, responde indagações que, desde sempre, o homem se faz.

i - Problemas diversos

Outras razões da procura pela religião espírita: vazio, insatisfação com tudo e todos, falta de objetivo ou finalidade, neurose, depressão, desemprego, insegurança, a luta pela sobrevivência, competição; também a dourada ociosidade, luxo, frivolidade impelem o homem ao apoio na fé. Alguma preocupação com o depois da morte e com a própria sorte, nessa hora, movem-no à procura de respostas.

Acionam os mecanismos de busca por amparo superior mais os seguintes fatores: solidão, incompreensão, desajustamento à família e ao meio, sentimento de rejeição, carência material, complexos, decepções. Adentram ao espiritismo os necessitados de socorro moral e material; os desesperançados, oprimidos, carentes, infelizes, culpados, os bons e os maus, os sábios, os ignorantes, os injustiçados, os simples e os humildes.

Todo espírito encarnado sente o apelo intuitivo para a aproximação de Deus. Muitos não o fazem por ignorância, comodismo ou orgulho. Mas, mesmo esses são destinados ao progresso e à evolução. Tarde ou cedo engrossarão as fileiras dos pobres de espírito, ou seja, dos simples de coração.

2 – Que sabe da doutrina espírita?

Do *Novo Dicionário da Língua Portuguesa* (Aurélio): *doutrina é o conjunto de princípios que servem de base a um sistema religioso, político, filosófico, científico.*

Excluindo o aspecto político, vamos ver que a doutrina espírita tem em seus princípios todos os demais sistemas doutrinários: assenta-se sobre um tripé que abrange ciência, filosofia e religiã

A ciência já renegou o espiritismo, mas começa a rever sua posição oficial, constatando, por métodos científicos, muitas das verdades sempre apregoadas pela doutrina espírita. Não sendo estanque, ela progride e sustenta descobertas científicas

a - Por que o espiritismo progride?

Desde sempre os espíritos têm-se manifestado aos encarnados através da mediunidade. Na Terra, só recentemente, com Allan Kardec, isso ficou esclarecido

Com Jesus – o Cristo de Deus – as entidades superiores deitaram o gérmen da verdade na consciência dos homens. A inteligência precariamente desenvolvida nos contemporâneos de Jesus não ofereceu campo para o cultivo da semeadura. Um mestre da época julgou que, para *nascer de novo* – clara alusão de Jesus à reencarnação, – teria de entrar novamente no útero de sua mãe.

O Cristo revelou parcialmente as leis divinas, deixando-as subentendidas em parábolas, para estudo posterior. Disse, taxativamente, que mais tarde o Pai enviaria o Consolador para explicar o que dizia e revelar novas coisas. O Consolador prometido por ele é a revelação espírita, que avança, segundo o progresso da inteligência, cautelosa, para não deslumbrar em prejuízo da razão. Projeta luz sobre a superstição engendrada por equívocos humanos ao longo dos séculos.

Os espíritos, mensageiros da palavra divina, transmitem conhecimentos aos homens em diferentes lugares, simultaneamente, dando tempo a que as novas ideias amadureçam. Do mesmo modo, aguardam que os acontecimentos preparem a aceitação de outros ensinos ou revelações. Assim, o progresso da mente segue o da ciência e vice-versa. Aos homens compete o esforço para criar condições de progresso científico, intelectual e moral, tornando o planeta receptivo às novas recompensas. A ciência prepara o terreno para a fé raciocinada, isto é, uma crença entendida, que endossa, lentamente, verdades eternas.

Interessa, pois, ao espiritismo o desenvolvimento científico. Para tanto, desencarnados se unem aos encarnados no esforço comum, ininterrupto e cooperativista. Cada um, de acordo com as próprias possibilidades e no âmbito da sua atuação, tem tarefa específica e inalienável no contexto do progresso geral.

b - Quem sou, de onde vim, para onde vou?

Espiritismo envolve um todo comportamental, alterando a postura filosófica do homem frente à vida. O espírita encontra a chave do enigma, resolvendo angustiante questão: o que é, de onde veio, o que faz aqui e para onde vai.

O autoconhecimento conduz à descoberta da origem, finalidade e destino da criatura. E isso, à inevitável constatação de que o homem é um espírito vestido com capa de matéria grosseira; ele não tem um espírito, ele é espírito na posse temporária de um invólucro perecível, que um dia deixará para volver às origens: o espírito é que tem o corpo, não o oposto.

Quem sou eu? – Um espírito imortal.

De onde vim? – Das mãos de Deus.

O que faço aqui? – Um estágio, com o objetivo de progredir.

Para onde vou? – Para o mundo espiritual, a vida imperecível.

c - Aspectos religiosos

Despertando a fé em Deus e o sentimento de fraternidade, espiritismo é religião. Ao assumirmos a fé raciocinada, entendemos o imperativo da fraternidade e da melhoria moral.

Um dos objetivos das religiões é o progresso moral dos fiéis. Logo, toda e qualquer doutrina dita religiosa, que não leve a este resultado, carece de requisitos indispensáveis ao papel de agente do progresso humano.

A religião espírita prega a prática do amor irrestrito, único meio capaz de direcionar os passos rumo à renovação dos indivíduos. Conhecendo-a, conclui-se que Deus ama de igual modo Suas criaturas, boas e más, pobres e ricas, selvagens e civilizadas. Que Ele é bondade e perfeição e não um ser vingativo. A todos dá infinitas oportunidades de redenção, para que, ao corrigir erros, se harmonizem com as Suas leis imutáveis.

A máxima espírita *fora da caridade não há salvação* envolve tudo. Não importa onde, em nome de quem, de qual religião se faça a caridade. Diferente de crenças sectárias, a religião espírita não rotula o bem e respeita toda iniciativa benemérita. Igualmente, respeita as demais religiões e seus adeptos, reconhecendo que as distorções da palavra divina são frutos de erros do homem falível.

Seja Deus representado pelo Filho, Jesus, ou por outros nomes nos diversos credos, é sempre a Inteligência Suprema gerindo a trajetória do espírito rumo à evolução.

3 – IMPORTANTE: NÃO SE AFOBE

O primeiro mandamento da doutrina espírita é amar. Amar em sentido amplo, sem restrições, vendo no semelhante o irmão, tão filho de Deus quanto nós mesmos; todos indo rumo ao objetivo comum, ou seja, à mudança para melhor: melhora-se o indivíduo, melhora-se o meio em que vivemos. O segundo mandamento, instruir-se, evita distorções dos princípios da doutrina, que proporciona consolo, entendimento e fé, sem mistérios e superstições.

A instrução, aqui referida em termos de espiritismo, evitaria constrangimentos, gerados por entusiasmo excessivo dos que se sensibilizam com as primeiras notícias sobre o assunto. O recém-acordar traz, implícita, sensação de tempo perdido, e o novato quer se engajar, de pronto, nas tarefas da casa espírita; ou se arvora em converter familiares, amigos, colegas de trabalho. Mas, não podemos nos dizer espíritas, sem dedicação ao estudo das obras básicas e das subsidiárias da doutrina. E antes de tentar mudar as pessoas, mudemos, em nós, o que nos incomoda nelas.

Os espíritos benfeitores não se cansam de nos prevenir, recomendando cautela com as coisas do mundo invisível. Estudo e observação, análise e discernimento, antes de tudo.

O espírito Fernando Miramez de Olivídeo, entidade muito conhecida nos meios espíritas, narra lenda a propósito:

> Na época do homem da caverna, durante uma caçada, um grupo se encantou com o sol a pino, descobrindo na luz maravilhas ignoradas. Fixaram-no a ponto de se cegarem quase completamente. Então se recolheram à penumbra da gruta e nunca mais saíram durante o dia.
> As novas gerações, sabendo do passado, se

aventuraram, mas com as precauções devidas, isto é, olhando devagar para o sol. Descobriram que, apreciando o espetáculo da luz assim, não se cegavam como os antepassados. E viram no sol um amigo e aliado.

**Do romance *Além do ódio*,
psicografia de João Nunes Maia**

Prossegue o nobre Miramez:

Aquele que de repente enxerga uma luz que não suporte – isto é da lei – ficará cego, amedrontado. Mas os que seguem devagar, olhando só os reflexos dessa luz, preparando-se para após o tempo certo encará-la frente a frente, nunca sofrerão danos. Não queira saber tudo o que venha à mente inquieta, fazendo deduções e aceitando como verdades definitivas

Tudo no mundo, mormente no tocante às coisas espirituais, demanda amadurecimento, ponderação, estudo e bom-senso.

Além do ódio

Há coisas que, por enquanto, nos são vedadas, e ainda no dizer do sábio Miramez, no mesmo livro: *elas se escondem nas dobras milenárias da eternidade.*

Espiritismo é curso para muitas vidas. Digamos que cada existência na carne seja um ano letivo. Mesmo porque, a doutrina não é estanque, exigindo atualização e estudo perene. Devagar e sempre, eis a chave. Persistência e serenidade.

A fé raciocinada repercute no seio familiar e social onde o crente se movimenta, interagindo e influenciando seu proceder. Assumido o contrato espiritual, ele tenta identificar a tarefa que lhe compete no concerto da harmonização geral. Assim, passo a passo, de um a um tijolo, avança a construção da Pirâmide Celeste.

Fazendo cada indivíduo a sua parte, preparando-se com bagagem moral e intelectual, se habilita ao magistério do bem a partir do exemplo. A palavra é agente poderoso, mas o exemplo em nós mesmos daquilo que pregamos é a realização concreta, o verbo substantivado.

Ser espírita não é se sentar à mesa e receber um espírito. Isso até poderá suceder, mas antes é preciso, como em toda ciência, conhecer o material de trabalho e suas reações prováveis. Pede-se do instrumento – a pessoa encarnada como um todo – a habilidade para lidar com a matéria-prima – o espírito comunicante.

Consta das preliminares da parte experimental do espiritismo a criação de condições ideais de sintonia e intercâmbio com o Além. Isso se consegue com disciplina, estudo e perseverança, que levam a outra consequência: aprende-se a distinguir a natureza do espírito que aspira à manifestação, e seu grau na escala evolutiva.

De muita valia também, no capítulo das manifestações espirituais, é a afinidade com o grupo de trabalho. Não é demais alertar sobre o irrestrito acatamento à orientação do dirigente encarnado e o estudo sistematizado da doutrina.

Capítulo II

CLASSIFICAÇÃO DOS ESPÍRITOS

AO NOS REPORTARMOS ÀS diversas gradações evolutivas dos espíritos, cumpre ressaltar a figura ímpar de Jesus Cristo. Nenhum outro se lhe iguala, dado ser ele cocriador do nosso mundo. O Cristo já vivia na glória de Deus-Pai, antes que o primeiro sopro cósmico determinasse o agente embrionário do planeta. Sob sua supervisão, ele se fez do átomo gerador do minério primitivo à conformação física do homem.

Bem mais tarde, o amoroso governador da Terra, tomado de compaixão por nós, veio corrigir as distorções humanas do plano inicial, de objetivos divinos.

Allan Kardec, ao codificar a doutrina dos espíritos, classificou-os segundo o grau de evolução. Dividiu-os em ordens, subdivididas em classes ou grupos. Não é uma classificação rígida, do mesmo modo que não são exatas muitas divisões das ciências. Há espíritos com características de dois ou mais grupos englobados em um apenas, observada a preponderância desse ou daquele aspecto. Em síntese, o mesmo espírito pode, por gradações elásticas da sua natureza, encaixar-se em várias classes, simultaneamente. A classificação de Kardec é, portanto, apenas para efeito didático.

1 – Três ordens principais

A primeira ordem não se subdivide. Compõe-se de um único grupo ou classe: a dos espíritos puros, mensageiros de Deus.

Eles estão em contato com a divindade e já não necessitam reencarnar. Se o fazem, é voluntariamente, movidos pela enorme piedade do gênero humano. Vêm cumprir missão de amor junto à humanidade sofredora. Na Terra, são a personificação do bem, e dedicam a existência ao auxílio fraterno, esquecidos de si próprios. Todos temos notícia de algum desses missionários. Jesus Cristo encarnado é o principal.

A segunda ordem é dividida em quatro grupos ou classes: espíritos superiores, espíritos de sabedoria, espíritos sábios e espíritos benévolos. Este grupo ou classe compõe-se de espíritos bons, mas não perfeitos. Ainda precisam reencarnar para alcançar a condição de puros. Encarnados, são pessoas bondosas, capazes de grandes renúncias, prestativos, inteligentes, humildes e caridosos. Sua condição, porém, não os priva de sofrimentos necessários à total depuração de que ainda carecem.

A terceira ordem se subdivide em cinco grupos ou classes: espíritos impuros, espíritos levianos, espíritos pseudossábios, espíritos neutros, espíritos batedores e perturbadores. Denominam-se espíritos imperfeitos, o que não significa que todos sejam necessariamente maus. Alguns, como os neutros, não fazem o bem nem o mal, permanecendo estacionários, até despertarem para os reclamos do progresso.

Espíritos desta ordem prestam pequenos serviços aos superiores, como na Terra homens menos dotados fazem tarefas mais rudes para outros. Manifestações com ruídos, promovidas pelos batedores, com objetivos saudáveis, são patrocinadas por espíritos de outros grupos.

Veem-se, nesta ordem, diversas gradações numa só classe.

Adiante tomaremos contato com características de cada estágio da classificação geral.

CLASSIFICAÇÃO DOS ESPÍRITOS
(MODELO ESQUEMÁTICO)

Três ordens principais

- **1.ª ordem** — Espíritos puros
  - Mensageiros de Deus
  - Não precisam reencarnar mais
  - Perfeitos

- **2.ª ordem**
  - Espíritos superiores
  - Espíritos de sabedoria
  - Espíritos sábios
  - Espíritos benévolos

  → Espíritos bons, mas não perfeitos

- **3.ª ordem**
  - Espíritos impuros
  - Espíritos levianos
  - Pseudossábios
  - Neutros
  - Batedores e perturbadores

  → Espíritos imperfeitos

2 – Caracteres

Os espíritos da primeira ordem, os perfeitos, são felizes, detêm todo o saber e o máximo de desenvolvimento moral. Não são ociosos, pois sua felicidade consiste também no auxílio aos de condição inferior. Rejubilam-se a cada progresso deles, sem as angústias primárias dos espíritos atrasados. Eles entendem o papel da dor na elevação de cada um. Trabalham sob o comando direto de Deus, supervisionando os espíritos das outras ordens.

Na segunda ordem vamos encontrar espíritos inspiradores de bons pensamentos aos encarnados e aos desencarnados em condições críticas. São também eles que neutralizam as influências de espíritos imperfeitos em nossa vida, livrando-nos de assédios infelizes. Como precisam do corpo para a efetivação do progresso, quando encarnam, fazem o bem pelo bem, desconhecendo orgulho e egoísmo.

Predomina a influência da matéria nos espíritos da terceira ordem, os imperfeitos. Encarnados ou não, submetem-se às paixões mundanas para o que, em estado errante, usam o recurso obsidiador. A maldade não é de regra geral entre eles, alguns, deixam-se dominar pela leviandade, irreflexão e malícia. Enquanto dão vazão a tais pendores, prejudicam encarnados e desencarnados; quando não por perturbá-los, ao se omitirem do trabalho assistencial, convocação que a ninguém isenta. Na mesma proporção, retardam o próprio passo, repetindo e agravando velhos erros.

3 – Anjos e demônios

Em *O Livro dos Espíritos*, Allan Kardec transcreve a resposta de espíritos superiores à pergunta referente a que sejam anjos: *São os espíritos puros, os que se acham no mais alto grau da escala e reúnem todas as perfeições.*
Anjos não têm asas, como a tradição faz acreditar. Nem tampouco são seres de uma categoria diferente dos espíritos. Sim, espíritos muito evoluídos, que já passaram pela ascensão trabalhosa de centenas de encarnações rumo à fatal felicidade.

Na mesma obra, respondendo à pergunta número 131, se há demônios conforme aprendemos: *Se houvesse demônios, seriam obra de Deus. Mas, porventura, Deus seria justo e bom se houvera criado seres destinados eternamente ao mal e a permanecer eternamente desgraçados? Se há demônios, eles se encontram no mundo inferior em que habitais e em outros semelhantes. São esses homens hipócritas que fazem de um Deus justo um Deus vingativo e que julgam agradá-Lo por meio das abominações que praticam em Seu nome.*

Da mesma forma que o inferno é produto de fantasia e superstição, os seres demoníacos se originam dos próprios males. O espírito ignorante e com tendência para o mal revela, na aparência, o seu íntimo, e assume o aspecto urdido em si mesmo. Mas, inferno e aberrações mentais têm limites. O espírito, na provisória condição demoníaca, tem recurso. Depende do seu arrependimento e despertar do desejo sincero de mudar a atitude. Deus vê o menor sintoma de renovação interior e envia, pronto, o socorro a todo aquele que resolva se regenerar. É o bastante para a criação mental de fogo eterno ou de brumas, onde vagueia o perturbado, se dissipar.

Capítulo III

TRANSFORMAÇÃO DO ESPÍRITA

Reconhece-se o verdadeiro espírita pela sua transformação moral, pelos esforços que emprega para domar suas inclinações más e pelo número de aflitos a que leve consolo.
O Evangelho segundo o Espiritismo

FRENTE A ESTA ASSERTIVA, infere-se que, por ser espírita, o professo não traz atestado de perfeição. É comum a cobrança de santidade aos espíritas, mas os santos não renascem na Terra. Esse patrulhamento atende aos interesses dos adversários da fé, que, ao detectarem o menor sinal de invigilância, lançam-lhe anátema.

Sem alarde e rótulos, o espírita se transforma pela renovação interior. Conhecendo o porquê da vida, muda sua postura diante dela grato a Deus pelo despertar ainda a tempo.

O espiritismo nada impõe a seus seguidores, nada cobra em valores materiais, não pede que se cubram de cinzas. Prega alegria, otimismo, esperança, serenidade e confiança; prega o amor universal.

É natural que o aprendiz do Evangelho se empenhe na assistência material e moral ao semelhante. Foi esse o modelo legado pelo Cristo: *Fora da caridade não há salvação.*

Uma vez conscientizado, não há retorno para o crente. Sua própria consciência o impede. Daí a prevenção dos imaturos, receosos de mudanças drásticas que os impeçam de aproveitar a vida. Ignoram antes que a caridade começa com eles mesmos, na análise do roteiro dos próprios passos.

1 – O DESPERTAR

Todo espírita se melhora. Pode-se observar isso no recém-iniciado em espiritismo. Às vezes esse *convidado à seara do bem* é tachado de fanático. O susto da descoberta do seu verdadeiro eu o leva à ânsia por se apossar dessa identidade relegada ao baú: seja para corrigi-la, seja para aperfeiçoá-la. O calouro se trai por um entusiasmo excessivo, natural da fase, impelindo-o ao tema a qualquer hora ou lugar. Investe-se também de responsabilidades salvadoras coletivas.

Isso desaparece à medida que ele percebe ser religião assunto pessoal, e nem todos estão prontos para assimilar suas convicções. Aos poucos saberá distinguir onde há terreno fértil, deixando de lado, respeitosamente, os endurecidos.

Todos serão chamados ao testemunho de fé. Uns mais cedo, outros mais tarde. Estando o trabalhador suficientemente maduro, a Providência cuida do resto. Deus lança mão de variados modos para dizer: *Chegou a hora, pegue a sua cruz e me siga*. A cruz, a enxada, o fardo, seja qual for o símbolo da tarefa, ela nunca é superior às forças disponíveis. Pode faltar vontade, não possibilidade.

Para ser convidado, o primeiro passo é o domínio de si mesmo. O maior obstáculo é, ainda, o próprio indivíduo. Pelo autoconhecimento identificamos o ponto nevrálgico e para ele miramos os canhões da batalha de nós contra nós. Ou melhor dizendo, de nós a favor de nós.

Somos uma caixa de surpresas, com particularidades positivas e negativas prontas a emitir sinais. Persistência e vontade firme determinarão a vitória da melhor parcela. Comecemos com minuciosa reflexão, analisando nosso temperamento. A seguir, façamos breve retrospecto dos passos dados até aqui. Que tenho feito do corpo recebido para me servir à evolução? Do tempo, que parece voar?

Como venho usando as mãos e os pés? E a palavra, visão, cultura, inteligência?

O agora, com as possibilidades de progresso que lhe são inerentes, não se repetirá. A encarnação vindoura se verificará de modo estreitamente ligado às omissões de hoje, agravadas pelo descaso.

Aqui e agora é o momento na mira da renovação. Avante!

2 – Humildade

Começa na humildade, tão depreciada pelos donos do saber, a harmonia com a lei de Deus. Humildade e simplicidade dos *pobres de espírito*, confundidos como ignorantes e menos dotados.

Pobre de espírito é o que detém capacidade de apreensão da insignificância dos homens: grãos de areia no deserto universal, localizados em oficinas de reparos, ninguém sem a gerência de um Ser superior. Humildade isenta de ambições acima da competência, o que resulta em serenidade, num estado de permanente paz interior. Situa-nos na posse justa dos recursos pessoais, entendendo a sua condição de precariedade. Os dons promanam de Deus, que pode retirá-los, temporariamente, se Lhe aprouver. Inclusive os de posse, mando, fortuna, liderança, sanidade. O espírito nunca perde as aquisições de ordem moral e intelectual. Mesmo encarnado num corpo atrofiado essas qualidades permanecem e, conforme o histórico individual, ficam em estado latente.

Não estão na aparência ou posição social as características de humildade. Tanto pode ser o malvestido um poço de orgulho como um lago de virtude; o último figurino pode vestir a humildade em pessoa como o déspota da família. O humilde sabe calar e ouvir, sem revidar ofensas. Não está sujeito a susceptibilidades e nem cultiva amor-próprio exacerbado, sabendo os limites de sua importância. Tampouco degenera para o servilismo.

Humildade é indício de superioridade moral, onde convivem brandura, modéstia e simplicidade. Os humildes se sentem constrangidos com elogios. Não pode ser diferente, pois, desejando reconhecimento, já é vaidade.

3 – Serviço

Fraternidade e solidariedade estão para o espiritismo como o sol está para o dia claro. *Amai-vos uns aos outros* é a senha para a verticalidade espiritual. Amor desdobrável em múltiplas faces e vertentes. Aplicável a cada hora do dia, de modo a podermos dizer, à noite: *Cumpri bem o meu dever de hoje.*

Para a consecução do projeto divino no todo, as atenções dos espíritos elevados se voltam, também, para os aspectos intelectuais. Portanto, o espiritismo cataloga todas as tarefas, que promovam o homem, no rol dos serviços essenciais. Assim é que lhe interessa ao avanço da humanidade o progresso das artes, da ciência, do pensamento, das comunicações. Os estudos das áreas do conhecimento são bem-vistos pela espiritualidade, que assiste os encarnados envolvidos nessas atividades.

Não nos inquietemos com o serviço que nos compete abraçar. É suficiente a decisão em arcar com o dever, que de pronto o identificamos.

Buscai e achareis: busquemos no íntimo a vontade sincera de servir; busquemos a confiança no futuro, a intuição do passado; busquemos o presente empreendedor e construtivo; busquemos a coragem diante dos obstáculos; busquemos as lembranças remotas dormitantes no fundo da memória; busquemos o compromisso que nos pede o momento. Acharemos a disposição, a alegria de servir e a fé; acharemos respostas murmurando dentro de nós: *Vá em frente, é isso, estamos com você*; acharemos o irmão caído em desânimo, a criança com fome, o velho doente; acharemos, no caminho, a flor por bênção; acharemos mãos fortes e pés velozes; acharemos os minutos diários à prece pelo outro e o momento para o *obrigado, meu Deus*; acharemos o armário de supérfluos, preciosos a terceiros, e o sorriso franco para o familiar em dificuldade; acharemos o caminho para Deus.

Capítulo IV

VIDA PROFISSIONAL

ATINGIR A EXCELSITUDE PELO esforço próprio é a meta do espírito. Só alcançadas a perfeição, moral e cultural, e a sabedoria, no grau mais avançado, ele se aproxima do Criador. Para isso, caminha desde a criação, enveredando, às vezes, por malfadados desvios. Requer inúmeras encarnações para superar os obstáculos engendrados em si mesmo. Cada etapa no corpo físico é um período de aprendizagem. Toda vez que encarna, o espírito avança, nesse ou naquele setor, moral ou intelectual.

Independente de lhe opormos resistência, o destino se cumprirá segundo a Lei. Conforme a atitude individual, na aplicação dos recursos já conquistados, isso se dará num futuro mais ou menos dilatado. A vontade firme e disciplinada, orientada para a educação plena, reduz dores e dificuldades a que nos sujeitamos.

Reencarnado, o espírito esquece parcialmente o aprendido, que outra vez aflora com a liberdade. Então vê, adicionadas à bagagem anterior, as experiências recentes. Aprendendo a ler com maior ou menor facilidade, a criança está se recordando dos sucessos ou insucessos passados. Espíritos analfabetos de todo, isto é, os que nas encarnações anteriores não aprenderam a leitura, têm mais dificuldade em assimilá-la.

Raciocínio e inteligência se desenvolvem pelo exercício. Assim se explicam certos prodígios infantis e tendências inatas em crianças de tenra idade.

1 – Aptidão

Atentemos, com respeito e consideração, para a vocação dos nossos jovens. Não é acaso o pendor para essa ou aquela profissão. O espírito encarna com um projeto de desenvolvimento em determinado setor propiciado pela atividade no ramo. Sequência de aprendizado em vida passada ou necessário avanço, dando os primeiros passos no setor.

Sujeitam-se a violentar o roteiro da encarnação os pais que impõem cursos, motivados por seus sonhos particulares. O espírito traz em si o gérmen em expectativa de expansão. Deixemo-lo buscar o próprio caminho, lembrando que todo trabalho é digno e necessário à ordem comunitária.

2 – Conduta

Toda profissão está em íntima relação com a lei de progresso e ocupa seu lugar no contexto universal. O profissional deve ser o melhor no seu ramo de atividade, dando o máximo de si, sem pretender superar o colega.

Esse cuidado há de ter em relação a si próprio, superando a ele mesmo.

É importante gostar do que se faz, sendo justa a remuneração do trabalho. Sem as trocas, a sociedade não progride. Tiramos da atividade profissional os recursos materiais para a subsistência. Desincumbimo-nos dos deveres com eficiência, apoiados na tranquilidade propiciada pelos ganhos financeiros.

Mas, competência não exclui a prática da caridade. O profissional pode reservar parcela da sua capacidade para o serviço ao próximo. Qualquer profissão possibilita auxílio desinteressado. Não nos referimos à ajuda material, e sim ao empréstimo do tempo pessoal a uma nobre causa. Seja não cobrando honorários dos desprovidos de recursos, seja exercendo, por uma semana, um trabalho não remunerado etc. A criatividade de cada um ditará iniciativas a respeito.

Serviços isolados, como os de laboratório ou gabinete, pedem dosagem do insulamento diário com uma vida de relação mais intensa. O contato social é fator importante à autoeducação. Já o profissional, cuja atividade o coloca em constante contato com o público, tem o cotidiano exercício da paciência: valioso antídoto da estagnação espiritual. Saber ouvir e falar é arte que determinadas profissões ensejam a prática. O prazer de servir é conquista que se adquire pelo exercício e perseverança.

3 – CARREIRISMO

Há profissionais que dão à carreira a importância

justa, melhorando seus conhecimentos da matéria. Outros fazem dela trampolim para adquirir *status* social, acumulando bens. Temos o profissional consciente da responsabilidade diante dos dons da cultura e do saber e o carreirista. Em geral, este optou por uma determinada profissão, visando as facilidades de ganhos materiais que ela propicia, e não a vocação.

Um parêntese para meditação nas palavras do espírito André Luiz:

> Lembrei-me instintivamente da nossa errada conceituação de vida na Terra, quando nos achamos sempre dispostos a senhorear indebitamente os recursos do estágio humano, em terras e casas, títulos e favores, prerrogativas e afetos, arrastando, por toda a parte, as algemas do mais gritante egoísmo (...). Patrimônios materiais e riquezas da inteligência, processos e veículos de manifestação, tempo e forma, afeições e rótulos honoríficos de qualquer procedência são de propriedade do Todo-Misericordioso, que no-los concede a título precário, a fim de que venhamos a utilizá-los no aprimoramento de nós mesmos, marchando nas largas linhas da experiência, de modo a entrarmos na posse definitiva dos valores eternos...
> *Ação e reação*, **psicografia de Chico Xavier**

Vê-se que a riqueza, fama, *status*, tudo é empréstimo de Deus, tudo transitório. Um dia vamos prestar contas do uso que fizemos dos privilégios.

Não nos é pedida atitude franciscana. É justo gozarmos do conforto, temos direito à alimentação, ao vestuário, ao lazer, à saúde. Igualmente o outro, o nosso próximo. Aí está o xis da questão. Enquanto nos refestelamos no ócio dourado, nosso irmão, criatura de origem igual, passa fome, frio, humilhação.

Todo o equívoco está no acúmulo de bens improdutivos. Bolso recheado gera sempre mais cobiça, desregramento, dissipação. Dinheiro em excesso excita a sensualidade, o erro, exacerbando toda uma gama de paixões inferiores. Respeitemos o patrimônio cultural, conquista coletiva, canalizando os dons da inteligência e do saber ao exercício do bem comum.

Capítulo V

PROGRAMA DE VIDA

Conforme seja o grau de compreensão e evolução, o espírito pode planejar, orientado por mentores elevados, a natureza da nova encarnação. Sendo ainda incapaz de apreender os mecanismos da justiça divina relacionados aos aspectos reencarnatórios, outras entidades proveem a deficiência.

Deus a ninguém abandona. Mesmo os endurecidos em erro, que se recusam à corrigenda, são socorridos por encarnações compulsórias. Renascem em meios físicos onde pungem a teimosia, e pouco a pouco despertam para o bem.

Por suas características, o planeta Terra é habitado pela maioria de espíritos nessas condições.

1 – Fatalidade – Livre-arbítrio

Só são estabelecidos de antemão, para cada estágio encarnatório, o dia e o modo pelo qual o espírito deixará seu envoltório. Ele vem com prazo determinado ao desempenho de tarefa que lhe convém à economia íntima. Findo o tempo, terá de abandonar o vaso físico. A maneira do desligamento está em estreita relação com o resgate adequado à harmonia psíquica do interessado.

Vejam-se as mortes violentas de pessoas boníssimas, os sofrimentos atrozes e prolongados no leito; vejam-se, igualmente, as desencarnações tranquilas, serenas e indolores. Fatalidade e destino se resumem, portanto, a estes dois aspectos.

Como saber dos compromissos, se no bojo da encarnação está presente a amnésia? Aprendendo a nos conhecer, analisando a conduta que esposamos. A consciência aprova, sem subterfúgios, a que recorremos para justificativa pessoal? Ouçamos a voz interior, sugestão à revisão dos atos, ela é o convite à tarefa que nos assinala o roteiro no presente.

Todos somos passíveis de mudança. Os que julgam ponto de honra ter opinião formada, e inarredável, sobre tudo, arriscam-se a ficar para trás. Na dinâmica universal tudo se transforma e se renova sem cessar. Por que não o pensamento? Aferrar-se a uma ideia é a negação do raciocínio que conduz a novos conhecimentos. A verdade absoluta ontem revela hoje sua face absurda.

Como diz o sábio Emmanuel: *Tudo neste mundo está sujeito à mudança, só o que não muda é a lei da mudança.*

Somos livres para cumprir ou não o programa estabelecido, mas comprometidos com a decisão que tomarmos. Deus a nada obriga, não tem pressa e nem muda a Lei para desculpar a displicência dos comodistas. Estes marcam passo nos meandros de rudes provações, próprias de sua condição de atraso espiritual.

2 – Tendências

Os bons pendores do espírito, imunes à dispersão, pedem exercício enquanto ele está encarnado. Pela prática as qualidades se fortalecem, resultando em duplo efeito revertido em prol do próprio espírito. Representa a profilaxia dos males arraigados que, enfraquecidos, não emergem, apesar das facilidades próprias do meio material. Vontade sistemática de acerto prevalece sobre a aptidão para o erro. Forma-se, assim, a cadeia evolutiva pela ligação dos elos positivos de ações benfazejas. Essa sequência caprichosa do bem entrelaçado ao bem, à guisa de corrente, escuda-o das tentações.

Válida referência de rumo certo é o *conhece-te a ti mesmo*. O autoconhecimento permite avaliação dos impulsos destrutivos e o assenhoreamento das possibilidades redentoras.

> Aprendei a abrir, a folhear, a ler o livro oculto em nós, o livro das metamorfoses do ser. Ele vos dirá o que fostes e o que sereis, ensinar-vos-á o maior dos mistérios, a criação do eu pelo esforço constante, a ação soberana que, no pensamento silencioso, faz germinar a obra e, segundo vossas aptidões, vosso gênero de talento, far-vos-á pintar as telas mais encantadoras, esculpir as mais

ideais formas, compor as sinfonias mais harmoniosas, escrever as páginas mais brilhantes, realizar os mais belos poemas.

Léon Denis, em
O problema do ser, do destino e da dor

3 – Desvio do roteiro

Sérias consequências acarreta a negação dos compromissos espirituais. O adiamento dos resgates pendentes é a menos grave, visto que eles se processarão de qualquer modo no tempo infinito. No presente, os que se desviam da rota se sujeitam a moléstias, do corpo e da alma, e padecem dos percalços inerentes aos assuntos terrenos; tanto morais quanto materiais. *Nada dá certo para o fulano* é expressão comum à sua passagem. Natural que assim seja. O rebelde envereda por caminhos estranhos ao roteiro e tudo se desorganiza. Deterioram-se as relações, ocorrem desencontros, anulam-se programas de trabalho e reconciliação com espíritos encarnados ou desencarnados.

Ninguém veio ao mundo para a dissipação, o mal, o vício, o crime, o despotismo. Ninguém está aqui a passeio.

Sendo todos médiuns, estamos à mercê da influência dos espíritos. Os bons nos convocam ao trabalho, os maus, que desejam nos perder, inspiram a rebeldia. Ouvindo os últimos, enredamo-nos na teia dos reveses, a longo prazo. E quanto mais nos sintonizemos com eles, mais se estreita o laço que nos liga. Então, companhias constantes divertem-se com as cabeçadas e retrocessos que nos caracterizam a trajetória.

Capítulo VI

ESPÍRITOS SIMPÁTICOS

Por meio de sucessivas encarnações, as conquistas afetivas do espírito se fortificam, e, conforme suas atitudes enquanto encarnado, as velhas rivalidades se amainam, ou não. Deixando o corpo, ele continua sentindo o mesmo, pois não é a carne que ama ou odeia.

O ser espiritual sublima os laços de amor após cada estágio, adicionando à bagagem fraterna os afetos que privaram de sua convivência.

1 – Filiação

Muitas vezes as leis de reencarnação se executam sob supervisão de técnicos especializados, mas cumprem-se também por automatismos. São casos em que a destinação do espírito se processa por meios automáticos previstos na lei de progresso. A ficha pessoal determina as companhias e o meio em que estagiará, observada, sempre, a finalidade evolutiva.

A filiação não fugiria a esta regra. Os filhos são encarnações de espíritos adultos que, esquecidos de si mesmos, repetem o aprendizado do viver constrangido num corpo. Assemelham-se a papel reaproveitado, a escrita mal apagada em ação superficial da borracha, restando vestígios aqui e ali. Não se apaga de todo a memória do passado. Esparsos nesse papel, os restos se combinarão às novas mensagens, especialmente as emitidas pelos pais. Eles os imitam, desde os primeiros gestos e sons, a comportamentos sociais e atitudes adultas.

Há alguns pontos essenciais ao sucesso dos genitores: observar e analisar as tendências natas, podar arestas indesejáveis, orientar sobre noções do bem, do dever e, sempre, religiosas.

Atua forte, na adolescência, o livre-arbítrio, e o espírito retoma a liberdade para agir. Se ele teve boa orientação na infância do corpo, seguirá, voluntariamente, o melhor caminho. Espíritos rebeldes muito se têm beneficiado da maleabilidade infantil e da boa educação nessa fase.

Se a flor murchar, apesar de boa semente plantada na época propícia, não culpemos a seiva. Sua pureza só não bastava à elaboração do fruto saudável. Será preciso que o gérmen adormecido seja sacudido por embates mais fortes e tratado com o adubo amargo do sofrimento. Em vidas precedentes as distorções existentes estarão mais disciplinadas e disciplináveis, pois o esforço promotor do bem nunca se perde.

Dizem os benfeitores espirituais que a responsabilidade dos pais arrefece um pouco na adolescência de seus rebentos. Ela é dividida com a dos filhos, então na posse do livre-arbítrio e do teor responsável na mesma proporção.

2 – Parentela espiritual

Dominado por paixões inferiores, o homem planetário ainda fere e mata o irmão de origem comum. Agindo em sentido contrário ao mandamento de amor, ao invés de estreitar, afrouxa o laço fraterno. Mas as partes em litígio tornam-se devedoras frente à lei, que determina a paz, não a dissensão.

Para que se efetue a pacificação é acionado o mecanismo reencarnatório. Adversários renascem sob o mesmo teto, unem-se pelo casamento ou se aproximam ao correr da vida, como por acaso. Nessas circunstâncias, está-se de braços com aversão instintiva, pronta a deitar tentáculos na expectativa de paz entre os infratores da lei de amor.

Na fase preparatória da reencarnação de rivais, os interessados fazem treinamento em programas de conciliação, supervisionados por técnicos espirituais. Recursos sofisticados, desconhecidos para nós, os habilitam à empreitada terrena. Incluem-se entrevistas entre os envolvidos, que se munem de sincera vontade de vencer, pois a compreensão do espírito é mais dilatada. Os contatos podem evoluir para convívio estreito, agrupando-se a futura família no espaço, em treino do exercício em terra.

Nem todos se aproveitam dos frutos do treinamento

e estudo no plano espiritual. Às vezes boas disposições ficam empanadas pela matéria grosseira e sua perniciosa influência. É o caso de parentes difíceis, destoantes do todo.

Em certa altura, as pessoas já não mudam de temperamento, adquirem vícios e manias. Estas nos pedem pequenas renúncias ao comodismo e, em certos casos, da privacidade, e pedem, ainda, tolerância e aceitação.

Saindo do estreito círculo da família consanguínea, reflitamos na eventualidade do parentesco espiritual com estranhos. Vejamos no anônimo passante um membro da verdadeira parentela, provisoriamente afastado em tarefa de expiação, provação ou serviço setorial diferente.

3 – Almas gêmeas – O anjo da guarda

O grau de afinidade entre espíritos, eventualmente, determina uma sequência de vidas onde exerçam auxílio recíproco. São almas não necessariamente desenvolvidas, que se atraem por gostos e tendências semelhantes. A atração se faz também com vistas a objetivos comuns menos nobres. Mas o progresso a ninguém isenta de sua ação fatal. A cada reencontro no espaço esses espíritos fazem o balanço do vivido e tomam novas resoluções. Se mais conscientes, felicitam-se pelos avanços e identificam os pontos críticos, onde falharam, dispondo-se a nova etapa de serviço.

Nem sempre os espíritos germinados pelos pendores encarnam na expectativa de se constituírem casais.

A concepção popular sobre almas gêmeas é que fez se criasse uma aura romântica em torno do tema. Já está sublimado pelos espíritos mais evoluídos o amor terreno, que se prima pelo cultivo das paixões. Muitas almas gêmeas vivem na condição de pais e filhos, irmãos, amigos. Há, em escala reduzida, casais envelhecendo juntos, numa união harmônica, onde pontifica o respeito mútuo; estes estampam na dedicação e carinho entre as partes o autêntico amor, aquele capaz dos grandes gestos e renúncias generosas.

A tendência é a multiplicação do amor puro pelo enxerto e entrecruzamento do impulso fraterno cada vez mais desenvolvido. Desaparecerá, pela universalização do sentimento elevado, a expressão limitada a dois. Esse mesmo amor-gêmeo se converterá em trigêmeo, quadrigêmeo etc., até ao infinito, concretizando-se a confraternização universal.

Anjo da guarda – Desde crianças habituamo-nos à ideia de um anjo bom a nos guiar os passos. Abstraindo-nos do lado espetacular da figura de asas robustas, dedicação exclusiva e total poder sobre os perigos, temos o guia espiritual. Um espírito geralmente mais evoluído do que o protegido, atento às ameaças, mas decidido a não interferir na sua liberdade de ação.

O anjo da guarda também não está à disposição em tempo integral. Isso restringiria o esforço próprio, anulando o mérito dos avanços no setor do progresso. Mas, sempre que o seu tutelado se achar em situação crítica, ou o solicitar, ele se faz presente.

O guia, ou anjo da guarda, pode ser um espírito familiar ou amigo de outras vidas. Durante o tempo que passamos no corpo e logo após a desencarnação ele nos acompanha. Por mais imperfeitos que sejamos, odiados ou temidos, todos temos protetores espirituais.

Preocupa-se o espírito guardião com as coisas úteis ao progresso espiritual, não com as de ordem material. Não é de sua atribuição zelar por negócios mundanos, promover empregos, namoros, casamentos. Ele desaconselha os excessos prejudiciais à saúde, mas, sendo ignorado, nada pode fazer para remediar o mal.

Ouçamos a voz interior, dando um voto de confiança à inspiração, telefone sem fio que nos contata com a espiritualidade. Saber ouvi-la é uma arte passível de aperfeiçoamento. Reflexão, leitura, autoanálise nos familiarizam com ela. É pela voz interior que os amigos espirituais de longa data falam conosco. Alertam-nos sobre erros, relembram compromissos, avivam o roteiro que mais nos convém à alegria futura.

Depende da atitude íntima, a qualidade do recado. Estando abertos para o bem, ouviremos o amigo protetor. Ao contrário, seremos assediados por espíritos indiferentes à nossa sorte ou até desejosos de nos perturbar. O anjo da guarda nos dirá da inconveniência em ouvi-los, mas não interferirá se resolvermos acatar suas ideias. Selecionado o teor da inspiração, seleciona-se também o inspirador. A natureza do pensamento sugerido indica a qualidade da procedência. *A boa árvore não dá maus frutos.*

Capítulo VII

CASAMENTO

Quase sempre, o espírito renasce no meio onde já viveu, ou entre velhos conhecidos. Está fadado a se deparar com amigos e inimigos do pretérito. É oportunidade de reconciliação com estes e de estreitamento dos laços fraternos com aqueles. O casamento se inclui no rol desses encaixes. Não importa se sacramentado pelas leis dos homens – o religioso e o civil; ou simplesmente regulado por leis naturais de atração e afinidade.

1 – A família do cônjuge

É muito comum no auge das discussões de casais ouvir-se a expressão ressentida: *Eu me casei com você e não com a sua família!*

Isso ocorre quando os familiares invadem o espaço físico ou psicológico dos cônjuges. Não havendo acaso, no programa reencarnatório de ambos há as duas famílias no elenco.

Ninguém é uma ilha, todos temos vínculos diversos a nos regerem ações e reações. Tudo ligado à semelhança de intrincada rede, em trama infinita. Destinados todos à comunhão universal, o casamento é sagrado ensejo de aproximação que extrapola os interesses restritos da dupla. Sua finalidade abrange aspectos coletivos, podendo ser designado como uma sociedade anônima.

O compromisso recíproco do casal implica em aceitação, compreensão, auxílio, proteção, amor. Um não pode exigir do outro o rompimento com o berço. Afetos e desafetos, emoções e sentimentos são partes indivisíveis do ser que o enlace matrimonial não elimina com juras. Cada um dos cônjuges constitui um todo complexo, onde estão envolvidos os familiares.

Considerando a importância da privacidade, não excluamos, porém, o convívio metódico com os parentes. De seu lado, estes, estipulando limites à presença, deixam o par viver a sua vida.

O cuidado, o amor e o desejo de cooperação não significam interferências e visitas inoportunas ao ambiente alheio.

Aqui um parêntese para o capítulo das doenças, que modificam todo o quadro. Dever inalienável de filhos, genros e noras é propiciar teto, conforto e assistência médica a pais e sogros idosos.

Muitas uniões se repetem pelas vidas sucessivas. Varia o motivo que as impulsiona, o que inclui até mesmo o amor verdadeiro, cultivado através de milênios; e não exclui a urgente pacificação das duas famílias. Abracemos os familiares do cônjuge, somando-os aos nossos afetos, sem a prevenção tradicional. No seio da parentela dele talvez bata um coração querido em vida anterior.

2 – REAJUSTE

Vida em comum é permanente exercício de concessão, renúncia, devotamento, respeito, paciência, tolerância, perdão. Os envolvidos dispõem, diuturnamente, desse valioso ensejo de reajuste mútuo. São provações a maioria dos casamentos, carecendo ambas as partes de perdão recíproco. Geralmente é prova aceita antes do renascimento. Mas, presas de amnésia relativa, às vezes fracassam e fogem à responsabilidade, pela separação. Então, prorroga-se o apaziguamento dos ânimos para futuro próximo ou remoto, sem exclusão de qualquer pendência.

3 – ADULTÉRIO – DIVÓRCIO

Ao longo da existência deparamos com espíritos encarnados que se nos ligaram sexualmente no passado. Adormecida no âmago da consciência, acorda a velha atração. Vai depender da vontade, mais ou menos disciplinada, ceder aos apelos das paixões menores. Aquele que surge do pretérito, convidando à conjunção carnal pura e simples, pode ser mero joguete de perdição. Nossos credores desencarnados o incitam a duplo erro, envolvendo-nos a ambos.

Também se atraem antigos parceiros de uniões desastradas, cobrando mútua desforra. Concretizada, a relação se norteará pela paixão avassaladora, adversária dos nobilitantes propósitos do impulso genésico. Nesse aspecto repontam as ligações tumultuadas, sofridas. Por outro lado, amores sinceros de outros tempos se buscam após desencontros e provações; aí temos os afetos platônicos, se não cedem, ou casos de novas uniões, se acaso o decidam.

Deus nada força ou proíbe. Permite até alteração do programa feito para as criaturas. Mas, se o infringimos, responderemos por isso. É, pois, questão de foro íntimo.

Importante, portanto, é situarmo-nos em frente ao presente e ao que ele nos pede. Sempre é o tempo de renovação e correção do roteiro. A vontade sincera de enveredar por trilhas melhores tem de imediato a resposta do Alto: recebemos força e proteção contra as sugestões do mal.

Jesus perdoou a adúltera, advertindo-a de que não pecasse mais. Deixou exemplo de perdão a todo aquele que queira se emendar, recomendando a isenção de julgamento do próximo: porque a mesma medida se empregará conosco, num processo natural de reversão.

A lei divina não condena o divórcio, quando ele visa corrigir erros dos homens. Se o móvel da união é a satisfação de objetivos materiais e mundanos, ela está fadada ao fracasso. Sintomas de falência: motivação econômica, busca de *status*, mera atração física. Casamentos baseados em alicerces de areia prestam um desserviço ao progresso espiritual, agravam débitos e destroem possibilidades de conquistas positivas.

No caso do divórcio, analisem-se as bases do enlace:

rocha ou areia? Amor em sentido amplo, que doa, respeita, aceita, renuncia e serve, ou aspirações ligadas às coisas terrenas?

O homem não separe o que Deus juntou. Mas a pompa de uma cerimônia inventada pelo próprio homem representaria talvez a palavra de Deus? Seu filho Jesus veio ensinar simplicidade, humildade e amor. Aparência exterior nada significa, conforme exemplificou a passagem evangélica das *mãos não lavadas*.

Capítulo VIII

ALGUNS MALES MODERNOS

No início do III milênio grandes convulsões físicas e morais sacodem a Terra. Profetizam-se calamidades, castigos, o fim do mundo.

Deus não castiga, tampouco derroga Sua lei. Nada, em espiritismo, endossa a tese do fim do planeta num futuro próximo. Verdade que os mundos nascem, tornam-se adultos, envelhecem e morrem, mas a Terra, em termos de idade geológica, está na juventude.

Haverá, sim, seleção de espíritos para reencarnação em seu solo, num processo de depuração no tempo aproximado de um milênio.

Os males que nos afetam são o resultado de imprevidência e incúria em relação às leis naturais. Consequência de nossos próprios atos repetidos em vidas sucessivas. Encadeia-se uma sucessão de erros, que, a seu turno, geram respostas adequadas.

A cada ação, uma reação. A todo efeito corresponde uma causa anterior.

1 – Violência

A cultura do protesto alastra-se, num quadro de apologia dos direitos e descaso com os deveres. O móvel seria a violência moral dos crimes de corrupção, em particular, e a insegurança física e econômica da sociedade em geral. Exige-se das autoridades constituídas a coibição dos delitos de gabinete, e providências em prol da segurança e da tranquilidade coletiva.

Em represália, arma-se a população que, assim, combate a violência com violência. Agitações, greves em serviços essenciais, depredações de bens públicos e bloqueios de trânsito em ruas e rodovias, eis o panorama desolador.

Onde o gérmen de tudo isso? Onde começa a ideia do ódio, da revolta, do desajuste, da indisciplina, do egoísmo e da ética distorcida?

Geralmente nos iludimos, e certas verdades incômodas ficam à margem da discussão, mas elas permanecem.

A violência começa no cenário onde se assenta o berço: nos lares que cultivam falta de higiene, inimizade, inconformismo, desequilíbrio, desordem e desrespeito, e deita raízes com as cenas diárias de agressões morais e físicas. Forma-se o cipoal violento, ao se tornarem as crianças sacos de pancada e descarrego das frustrações adultas. A violência concretiza-se em futuras atitudes das crianças: se fogem de guerra doméstica, para a rua, convivem com malandragem, pequenos golpes, ou prestam serviços a traficantes de drogas. A maioria de infratores, nas prisões, é desses evadidos do lar.

Que fará o pequeno maltratado ao atingir idade adulta? É natural que ponha em prática o modelo conhecido de comportamento.

Risquemos, portanto, todo tipo de violência dentro de casa. Os filhos se miram no exemplo dos pais. Incapazes de raciocinar como adultos, são, ainda, dependentes, indefesos e frágeis. Energia, sim, quando for oportuno. Respeitemos, e seremos respeitados, o que não se consegue com ameaça, pancadaria, cultivo do medo.

Consideremos a anatomia infantil, sujeita a lesões físicas e mentais por muito pouco. Às vezes uma palmada – nas nádegas – é conveniente; ou castigo que impeça a criança de ver televisão, de usar o celular ou de brincar por alguns minutos, dez no máximo. Nada de quarto escuro, jejum ou botar de joelhos, nada de terrorismo físico e psíquico.

Ao nos reportarmos à violência, analisemos os erros perpetrados contra a infância e a puberdade. O descaso com a saúde, nutrição e higiene dos menores; o abuso sexual e a exploração pela mendicância. Falando-se de violência, lembremo-nos dos castigos corporais em escolas, asilos, orfanatos e reformatórios; das surras por parte de adultos embriagados, de genitores desequilibrados; da sobrecarga de obrigações, domésticas ou não, sobre ombros infantis.

Lembremo-nos igualmente das torturas e assassinatos de crianças. Torturas e assassinatos cometidos até nos recessos dos lares.

A imprensa denuncia sempre esses crimes brancos, encobertos pelo rótulo de acidente.

Apiedemo-nos de genitores que erguem a mão da morte, sobre a cabeça dos próprios filhos, numa crise de cólera impensada. Oremos por eles, vítimas de si mesmos. Um momento de irreflexão gera débitos sérios, e nutre inimizades que só muita dor pacificará. O remorso, já na presente vida, é começo de expiação. Um martírio o reencontro, na espiritualidade, com a criança sacrificada. Em criação mental, repetitiva, o criminoso revive seu ato e ouve, inocente e monótona, a pergunta: *Por que fez isso comigo?*

Descobrir, enfim, a vítima entre os entes queridos em outra vida, será o tormento do inferno particular.

Lamentemos pais e mães que aniquilam os rebentos para ferir o companheiro. Duplo lamento, visto não lograrem aplacar a mágoa, acrescida então de amargo arrependimento. Triplo lamento, pois adicionam à dor inicial, passageira, a inimizade secular dos espíritos atingidos: eles se constituem em instrumento da Justiça Maior para a promoção do doloroso ajuste do criminoso.

Em vida porvindoura, um poderá ser filho-problema do genitor culpado e o outro causa de aflições.

2 – Abandono

No elenco dos males contemporâneos o abandono é um dos quadros mais dolorosos. À dor do abandono contrapõe-se a responsabilidade do fugitivo.

Três faces se apresentam à reflexão sobre o infausto assunto: abandono do menor, entre casais e da velhice. Em qualquer delas o agente desertor promove o adiamento dos acertos pendentes.

Prorroga-se a dívida, acrescida de taxas convencionais. Num dado momento futuro a quitação se efetiva, mas nunca nas condições facilitadas do presente.

Refletem-se, em débitos coletivos, o abandono e o desprezo pela infância. Mas o resgate de cada caso é da alçada dos pais, que se evadiram do dever. Desde que duas criaturas promovam a concepção, situam-se frente a Deus como depositárias de um filho d'Ele. Arredar-se da obrigação de promover avanços espirituais do herdeiro terreno é negar a confiança com que foram distinguidas.

Está muito em voga a separação matrimonial. Casa-se impulsivamente e descasa-se por motivos fúteis, num piscar de olhos. Celebram-se enlaces com a alternativa do divórcio em mente.

A união dos sexos é de ordem divina, visando a substituição dos corpos que morrem. Quis Deus que, a par desse objetivo, os esposos se amassem e, unidos, educassem os filhos. Mas o amor verdadeiro raramente é o móvel de enlaces. O casamento degenera para meio de satisfação do egoísmo, da sensualidade e da vaidade. Os cônjuges não exercitam a paciência, nada cedem e tudo exigem. Daí os desencontros, a irritação, a deterioração da convivência. Os nubentes embarcam na canoa matrimonial, iludidos por uma expectativa de perene lua de mel, como se o compromisso se resumisse a mero lazer. Despreparados para a rotineira exigência do cotidiano, onde a felicidade idealizada inexiste, logo se decepcionam.

A maioria dos casais confunde aliança no dedo com

elo de cadeia, símbolo de posse exclusiva. Exigem o controle sobre o corpo e aspirações do par. Ao primeiro sinal de rebeldia do prisioneiro, abalam-se os alicerces e a união oscila.

Quando iniciativa unilateral, a separação se configura em fuga de tarefa reencarnatória. Se uma parte se prejudicar no aspecto da evolução espiritual, a outra arca com um programa integral de elevação dela. O tentame pode exigir mais de uma encarnação para ambos.

De todo modo, tudo plantado se converte em colheita. Sofrimentos infligidos ao próximo, voluntariamente, se abatem sobre o infligidor, mais cedo ou mais tarde.

Sob qualquer forma que seja vivenciado, o casamento não desaparecerá, apesar de tudo. Ele é o esteio da família, base imprescindível ao progresso. A vida em comum atingirá o ápice desejável, entendida como escada para ser galgada a dois. Aos poucos a humanidade terrena se compenetrará do seu sentido cooperativista.

Qualquer coisa de terrível é a velhice desamparada. Da vivência que lhe assinala o tempo, traz o idoso as similitudes dolorosas da experiência. A vida imprime marcas, desperta sentimentos, amolece corações, e situa o velho no patamar da ingerência moderna: a idade senil seria, portanto, uma espécie de carência curvada ao peso dos anos.

Os mais jovens não têm tempo para os mais velhos, nem interesse pelas suas coisas. Falas repetitivas sobre um mesmo tema, memória deficiente, perplexidade frente ao novo são fatores que os levam a isolamento compulsório.

Dentro de casa o ancião vira peça exótica, motivo de

piadinhas, queixas, intolerância. Pode dar-se por feliz, caso a família lhe ceda um leito na parte nobre do lar. Muitos são relegados aos fundos, a aposentos isolados, ressentindo-se do calor humano, crucial nessa fase.

Meditemos sobre a condição do idoso exilado em *casas de repouso, lares para a velhice* etc. Os rótulos ocultam sempre o pejorativo termo de *asilo*. Estando o interno ainda lúcido e compreendendo tudo, o que se passará no seu íntimo?

Atribui-se, comumente, aos compromissos profissionais e à falta de pessoas qualificadas ao zelo do idoso, a drástica solução do asilo. Patenteiam-se egoísmo, ingratidão e o esquecimento de dois aspectos fundamentais: 1 – na infância as nossas necessidades vitais foram supridas pelos pais e avós de agora, considerados entraves; 2 – um dia, acaso não morramos jovens, também teremos idade avançada e, eventualmente, vistos como entraves, tal e qual o nosso exemplo aos outros.

Reconhece-se a utilidade das instituições de amparo à idade senil, e Deus as abençoa. Mas deixemos as vagas, reduzidas, para velhos sós no mundo, sem teto e família. Estes, carentes de recursos naturais, recebem o alimento, o cobertor e o remédio impossíveis de outro modo.

3 – SEXOLATRIA

Atualmente, o componente essencial da filosofia de vida é a supervalorização dos sentidos. Isso é alimentado pela mídia, ao promover a homogeneização dos sonhos populares. Todos os quadrantes do globo são visitados pela sugestão de felicidade através de poderio, riqueza, consumismo, fartura. Paralelamente excita-se a fantasia e recorre-se à exacerbação de emoções fortes no recurso do apelo mórbido. Sangue, fortuna, sexo inundam o noticiário, a propaganda, a programação toda. É o trio eleito à conquista de audiência, visando ao incremento de vendas e ao cultivo de vícios.

A seu turno, essa trinca alimenta e incrementa o lucro, num círculo vicioso.

Em todos os setores da mídia está implícito o componente sexual como mola impulsora de compra. O apelo erótico, subliminar, emerge em corpos sarados e em meio ao sensacionalismo; é personificado por uma aura de riqueza, inteligência, sucesso e, explicitamente, em objeto sensual de consumo. Assistimos ao cultivo dos sentidos na mesma proporção da busca de realização pessoal.

Superada a fase de brutos, o instinto se subordina ao sentimento nos seres humanos. Mas, sem considerar que a herança do passado permanece latente, orienta-se, inadvertidamente, o impulso genésico. Desse modo os avanços propiciados por várias encarnações ficam à mercê de uma sociedade regida por negócios mundanos.

Capítulo IX

AÇÃO E REAÇÃO

Diariamente, a natureza põe sob nossos olhos, fatos resultantes de suas leis: a toda ação corresponde uma reação; todo efeito tem uma causa geradora. Obra de Deus, a natureza existe para uma finalidade, e obedece a um plano cuidadoso. Ele nada cria sem objetivo, desde o elemento microscópico ao sistema planetário.

Parte integrante do todo, o homem não é um ser com vida independente. Compete-lhe agir com inteligência e critério sobre o meio em que vive, cooperando com o bem-estar geral.

Da criação nada se perde e tudo se transforma. Lógica a dedução de que o homem, ser racional, também se transforme. Sua mente pensante, capacidade de raciocínio, não se anula igualmente: sujeita às leis imutáveis, sofre mudanças como o corpo, em vida e após a morte, conforme as propriedades particulares.

Tudo é dinâmico no universo. Mesmo a pedra, de

aparência extática, vibra em consonância com o seu destino de agente modificador da paisagem.

1 – Resgate e expiação

Patenteia-se na trajetória do espírito encarnado a lei de causa e efeito. Tudo que ele faz, repercute de forma matemática nessa caminhada: avanços e recuos, erros e acertos.

Deus nos ama de modo igual e não privilegia um em detrimento do outro. Valores morais e materiais são patrimônios comuns e sua posse se legitima pelo esforço pessoal. As dificuldades são exercício ao aprimoramento da capacidade individual de servir e *amar ao próximo como a si mesmo*.

Admitida a realidade das vidas sucessivas, clareiam-se os enigmas. As distorções se corrigirão, devagar e inexoravelmente, conforme se restabeleça a harmonia com as leis de Deus. É destino comum nos nivelarmos em sabedoria, amor e moralidade.

Nada ocorre por acaso. O que não se explica pela conduta atual tem raízes no passado longínquo do espírito. Daí os contrastes de toda ordem, aparentes injustiças: a inteligência e a idiotia, loucura e sanidade, belo e feio, virtuoso e viciado; a prisão para o inocente e a vida livre para o criminoso; o luxo nababesco e a miséria. Deficientes físicos e doentes crônicos respondem pelo uso indevido de suas possibilidades, lesando o programa de vida.

Administrar, resignadamente, a condição menos

venturosa, assinala a presença de espírito que aceitou a provação, visando o salto qualitativo na caminhada. Os humildes e os simples acusam mais proveito em suas incursões na carne. Ausência de revolta no sofrimento evidencia intuição de que se colhem frutos plantados pelo próprio espírito: *A cada um segundo suas obras.*

2 – CAUSA E EFEITO

Deus nos fez simples e ignorantes, dando-nos liberdade para escolher o caminho. Sujeita a provas e expiações, a população da Terra se caracteriza pelo equívoco na hora da escolha.

Os mais felizes no uso do livre-arbítrio privam, já, da convivência com Jesus, colaborando na execução do plano divino. Perseveram nas lutas evolutivas, em repetidas encarnações, os que erram desde o princípio.

Todos temos o dever da corrigenda, tarefa pessoal e intransferível, mas nada nos diz: é hoje. Deus não viola Sua própria lei de liberdade, intrínseca às criaturas. Voltaremos indefinidamente ao corpo de carne até nos decidirmos a corrigir as arestas inconvenientes. No vaso físico o espírito põe em prática os recursos de conquista evolutiva. Com o instrumento corpóreo ele repara danos efetuados a si mesmo. Costuma falir, deixando-se levar pelas tentações inerentes à vida terrena, valorizando-a em detrimento da espiritual.

3 – Esquecimento do passado

> *Carrega com serenidade e valor o fardo de aflições que o pretérito te situa nos ombros, convicto de que os associados complexos do destino são antigos parceiros de tuas experiências, a repontarem do caminho, solicitando contas e acertos.*
> **Emmanuel, psicografia de Chico Xavier**

Ao renascer, o espírito traz apenas intuição da sua existência milenar. Reclama-se, às vezes, dessa amnésia, considerando, erroneamente, que dificulta o abraçar do tentame reconciliador. Mas há muita conveniência no pseudoempecilho: voltamos com frequência para o meio de adversários e desafetos em lutas passadas. Se nos recordarmos de suas falcatruas, excita-se o ódio ou a mágoa, e lá se vai o ensejo de reconciliação.

Terrível inimigo é, às vezes, irmão de sangue. Que faríamos, lembrando disso? Verdade que ele não nos inspira amor, mas espécie de aversão e desconfiança. Mas tais sentimentos não chegam a reclamar o revide, o que protelaria a paz urgente a ambos.

Muitos casamentos, uniões, filiações são planejados na espiritualidade, visando a pacificação das partes.

A consciência de estreita relação entre a vida atual e as passadas soluciona muitos reveses. Amparados nessa certeza, promovemos os meios de conciliação desejáveis à economia íntima. Dificuldade vencida hoje é bênção amanhã. A cada renascimento, tendo condições de progresso para tanto, o espírito se propõe avanços. Nas encarnações compulsórias o programa obedece à supervisão de técnicos e mentores encarregados dos Institutos Reencarnatórios. Estes benfeitores situam a criatura no ambiente familiar e social propício ao trabalho que lhe compete realizar. Logo, por mais atrasado que seja, nenhum espírito se localiza na Terra como um forasteiro.

Capítulo X

REENCARNAÇÃO

JÁ NÃO SE JUSTIFICAM polêmicas em torno da reencarnação, entendido Deus como o Pai soberanamente justo e bom. Ele nos criou a todos iguais, simples e ignorantes, com tendências equilibradas para o bem e o mal. Deixou-nos livres na escolha do caminho; mas, liberdade implica em responsabilidade. As consequências do rumo que lhe imprimimos, em algum tempo, recaem sobre nós, e colhemos, sempre, o que plantamos.

Encarada sob esse prisma, a reencarnação, ao invés de castigo, é misericórdia do Pai amantíssimo.

Caso fôssemos inocentes, não precisaríamos da sujeição às vicissitudes próprias da prisão carnal. Um corpo nos servirá à reeducação, quantas vezes forem necessárias. Como dos objetos descartáveis, nós nos livramos dele, esgotados seus recursos de serviço em cada etapa evolutiva.

1 – Necessidade de reencarnar

Para corrigir equívocos praticados com o auxílio de um corpo, o espírito tem necessidade de outro. Na erraticidade, ou seja, enquanto aguarda o momento de reencarnar, ele progride, revê o roteiro, enche-se de boas disposições. Colhe o prêmio das boas ações perpetradas enquanto encarnado. Renascendo, põe em prática a corrigenda, beneficiando-se do trabalho realizado na fase errante, repara e expia ações danosas, de forma cada vez mais eficiente, pelo embasamento adquirido no espaço.

É um ciclo dinâmico e ininterrupto. Essa inter-relação entre as fases da vida do espírito vai mais distante. Uma interage sobre outra também no sentido de encarnação para encarnação. O progresso feito numa, repercute na seguinte, tanto quanto o estacionamento leva a repetições das condições de vida.

Alusão clara à necessidade da reencarnação está nas palavras do Cristo: *O que é nascido da carne é carne e o que é nascido do espírito é espírito – Não te admires de que eu te haja dito ser preciso que nasças de novo.*

2 – Laços de família

Uma das maiores resistências à ideia da reencarnação é a questão familiar. Os adversários pregam que ela promove a dissolução da família. São os mesmos que proclamam um céu contemplativo, um purgatório intermediário e um inferno sem apelação, definitivo e eterno.

Em tal conceito, identificamos os elementos desagregadores do grupo familiar. É difícil a harmonia plena em toda a parentela, de modo a continuarem as benesses além-túmulo. Mesmo os clãs de aparente homogeneidade abrigam personalidades exóticas. Fatalmente alguns componentes se extraviarão após a morte. Suponhamos que, na melhor hipótese, fizessem uma pausa no purgatório para subirem ao céu num tempo breve. Nesse intervalo, como ficaria o ânimo dos parentes abrigados nos domínios celestes? Arranhões perturbariam a beatitude excelsa de seu existir, o que, então, já não seria felicidade sem mácula. Ademais, que família não abriga um ou mais entes queridos no rol das ovelhas negras? Estes infelizes desgarrados são sérios candidatos à condenação irreversível, segundo os oponentes da reencarnação. Seus avós, pais, irmãos, filhos, netos conseguirão o descanso eterno, sabendo que eles ardem sem cessar no fogo do inferno? Maior dissolução de um grupo é impossível.

Compreendendo a sábia solução reencarnatória como escada de acesso às dádivas divinas, muda-se o panorama. Vemos os parentes mais esclarecidos no trabalho em favor dos que permanecem em penúria. Porque todos têm condições de elevação, ninguém é objeto de condenação irreversível, incompatível com a bondade e a justiça do Criador.

Mesmo num céu de sublimes recompensas ao esforço, a vida não é estanque, mas, sim, ativa e laboriosa. A felicidade dos espíritos superiores consiste em trabalho. Levantam os caídos, curando os que sofrem dos sintomas do inferno e do purgatório, criação da mente.

Outro fator capaz de desintegrar a família, seria,

como querem alguns, a criação da alma a cada nascimento. Nesse caso, morto o corpo, o destino, irrevogável, variaria segundo os atos praticados em vida curtíssima. Em consequência da diversidade de tendências, entre bem e mal, pais ficariam ausentes para todo o sempre de filhos; esposas ignorariam, eternamente, o destino de esposos; irmãos jamais saberiam de irmãos. É de se perguntar, ainda, onde fica, nessa questão da unicidade da existência, a justiça divina. Deus permitiria a felicidade de uns e o tormento de outros, se nada fizeram para merecer prêmio ou castigo?

O espírito não perde sua identidade no curso das vidas sucessivas. No espaço ou na Terra faz amigos e se identifica com outros espíritos, criando vínculos de simpatia e amor. Na hora de reencarnar, tais espíritos, movidos pelo afeto mútuo, pedem que se reúnam, durante o estágio físico. Constituem-se, então, as famílias terrenas, em a mesma parentela já existente no plano espiritual. Alterna-se, ora na matéria bruta, ora na sutil, o auxílio recíproco, repetindo o processo enquanto necessário. Amizades feitas num e noutro estado integram-se ao núcleo, engrossando as fileiras da fraternidade universal.

Não nos aflijamos com a impossibilidade de rever o parente querido tal qual era, mesmo após nova encarnação: em qualquer época o espírito pode assumir o aspecto do passado. Será igual na aparência, e os sentimentos a nosso respeito serão realçados pela elevação que sua atual condição possibilita. O amor tende a crescer, e eventuais ressentimentos desaparecem na proporção da marcha evolutiva.

3 – Provas da reencarnação

> Sem o princípio da preexistência da alma e da pluralidade das existências, são ininteligíveis, em sua maioria, as máximas do Evangelho, razão porque hão dado lugar a tão contraditórias interpretações. Somente esse princípio lhes restituirá o sentido verdadeiro.
>
> **O Evangelho segundo o Espiritismo**

Ao tentar restabelecer a verdade evangélica, meditemos sobre as notícias da reencarnação em diversas sentenças do Cristo. A mais clara alusão refere-se a João Batista, reencarnação de Elias, que vivera entre os judeus: *Se quiseres compreender o que digo, ele mesmo* (João Batista) *é o Elias que há de vir*. Lembrar que os judeus ainda aguardavam a vinda de Elias, e este há de vir se referia às suas expectativas. Após a transfiguração, Jesus afirma: *Eu vos declaro que Elias já veio e eles* (os judeus) *não o reconheceram*. Remetemos, ainda, o leitor, ao Evangelho de João, capítulo 9, versículos 1 a 3, que narram o episódio do cego de nascença, e reforça a tese reencarnacionista.

Para interpretar as máximas cristãs é preciso isenção e aprofundamento sobre o seu sentido oculto. Todo aquele livre de preconceito e dotado de ouvidos para ouvir extrai delas a compreensão.

A ciência começa a penetrar no campo do fato reencarnatório, especialmente a parapsicologia, no capítulo de regressão da memória. Esse método consegue a vivência psíquica de encarnações anteriores, com lembranças vivas do paciente sob hipnose.

Há registros de pessoas que, visitando locais distantes pela primeira vez, reconhecem a paisagem. Chegam a anunciar o que está por trás de uma elevação, casa, porta etc. Outras começam a falar em línguas ou dialetos estranhos, encontram objetos desaparecidos há séculos, nomeando quem os guardou.

Gênios precoces, artistas e matemáticos representam indicações de avanço efetuado em vida pregressa. Meninos de dois anos de idade executam óperas inteiras ao piano; outros fazem cálculos mentais à semelhança de computadores sofisticados. Músicos, escritores, médicos, pintores, cientistas, trazem os sintomas da especialidade já cultivada.

Somos o resultado de milênios de exercício em diversas modalidades de vida. Através de erros e acertos, pausas e arrancadas, vimos polindo a crosta bruta da centelha que nos sustenta a infinitude. Não nos rastejamos mais pelas sarjetas, nem tampouco duelamos pela posse do alimento. A luta agora é no campo moral. Se já não nos queimamos ou fazemos queimar outros em fogueiras humanas, havemos de debelar as chamas das paixões inferiores.

Capítulo XI

ENFERMIDADES

As enfermidades resultam de excessos que sobrecarregam ou desequilibram as funções orgânicas. São alertas da natureza, emitindo recados de que algo se desorganizou.

Deus nos cede o corpo para o trabalho, e compete-nos preservá-lo, a fim de que nos sirva com eficiência; mantê-lo produtivo é dever perante nós mesmos e a sociedade. A existência da medicina na face da Terra reflete a vontade de Deus na cura e tratamento das doenças.

1 – Doenças crônicas – Epidemias

Há males que, apesar de todo tratamento, perseveram. São as doenças crônicas. Na maioria, resultantes de débitos ou má gerência em vidas anteriores. Isso, porém, não isenta os portadores de todo cuidado. Problemas crônicos podem ser controlados, permitindo ao padecente vida metódica e útil. É exercício de paciência e sabedoria, a capacidade de administrar, a bem do doente, enfermidades incuráveis. Algumas vezes, em se tratando de expiação temporária, o mal é debelado: descobre-se um novo recurso, vacina, ou, simplesmente desaparecem os sintomas.

Nada é impossível a Deus, que deixa ao curso dos acontecimentos a harmonização às suas leis. Presidindo-os, Ele previne quedas, e espera de nós atitudes saudáveis perante os tropeços. Pessimismo imobilizador, revolta e inconformismo agravam a crise e anulam os frutos da provação. Enquanto o exercício das possibilidades, ainda que limitadas pela prisão ao leito, traz motivação e entusiasmo valiosos ao tentame.

Em se tratando de doenças fatais incuráveis, epidemias e catástrofes, identificamos a mão da justiça divina, corrigindo desregramentos coletivos. Espíritos endurecidos em erro repetem, em sucessivas encarnações, costumes perniciosos. Reúnem-se, por afinidades, em grupos ou minorias, cidades, regiões, estados ou nações. Deslocados pelo grau de evolução espiritual, em relação aos demais, são banidos da Terra, progressivamente ou aos magotes. Para isso, a Providência lança mão de recursos drásticos, extrapolados os limites da tolerância.

Dependendo de maior ou menor disposição do espírito em progredir, esse banimento sofre variações no tempo e no espaço. Ele renasce aqui, melhorado pelo esclarecimento durante a vida errante, ou faz estágio de dor em orbe mais atrasado.

2 – Deficiências físicas e mentais

A repercussão dos atos passados no presente ocorre em duas vertentes distintas: no domínio mental e emocional e no âmbito da matéria de que o espírito vai se servir. Ele molda o corpo material conforme disposições intrínsecas ao próprio ser, conquistas positivas e negativas. Toda ação se grava no organismo espiritual, promovendo ajustes e desajustes, que se refletem na aparência. Desarmonias só se corrigem durante as encarnações. No espaço o espírito progride, mas é na vida física que põe em prática os recursos de aprimoramento.

Aqui se entendem, no seu lato sentido, as palavras de Jesus: *Aquele que matar pela espada, pela espada perecerá*. Ou seja, aquele que ferir, será ferido, o que faz sofrer, sofrerá. Não necessariamente em sentido físico, mas moral.

No primeiro aspecto, vemos os torturadores e mutiladores mutilarem-se ao correr de existência futura. Para isso, a Providência dispõe de meios, evitando o retrocesso, pois o espírito estaciona, às vezes, mas não retrograda. Quer dizer, dispensa um novo torturador para torturar o antigo.

Parte do passado do conhecido Aleijadinho, o mestre do barroco mineiro, já foi revelada pela espiritualidade: em vida passada, torturou e mutilou sem pena. Depois, como Antônio Francisco Lisboa, homem de bem, sofreu lenta e dolorosa corrosão da carne viva pela lepra. Daí o vulgo Aleijadinho.

Doenças, acidentes e catástrofes são agentes que se prestam aos ajustes pendentes. Dons da fala, visão, audição, quando usados para a maledicência, calúnia, escândalo, candidatam o responsável a corpos mudos, cegos, surdos.

    Alcoólatras são impotentes contra miasmas viciosos, de que se impregna seu perispírito, enquanto não se depuram dos resquícios tóxicos. Fumantes podem transmitir, à vida seguinte, males dos pulmões e garganta. Os dependentes de drogas mais letais carregam, por várias encarnações, as consequências funestas do vício, numa infinidade de distúrbios crônicos.

    Depressão e melancolia são reflexos de vidas pregressas: a conformação cerebral, por efeitos de atos remotos, predispõe a eclosão desses estados mórbidos; mas, igualmente, fugazes lembranças que calam fundo ao ânimo, sem explicação plausível; reencontros com inimigos, durante o sono, e sugestões de espíritos que nos são antipáticos, enquanto em vigília.

    Loucura, idiotia, certos tipos de epilepsia, resultam de mediunidade negada ou desvirtuada anteriormente. Não desconsideremos, ainda, os casos de obsessão, fascinação e possessão. São problemas que exigem, em conjunto com acompanhamento médico, tratamento espiritual.

    Vê-se, afinal, a grande maioria da população presa de distúrbios diversos, carente de ambos os recursos.

3 – MALES DE NASCENÇA

    Sem explicação, e de repente, crianças de aspecto saudável manifestam anomalias. De simples surdez ao autismo, paralisia cerebral etc. Acaso? Erro médico?

Acaso não existe. O médico às vezes erra, mas porque Deus o consente: para expiação dele mesmo com a provação moral do remorso e sentimento de culpa; ao mesmo tempo se presta a instrumento da lei divina em relação ao paciente, que jamais é injustiçado.

A criança acometida de mal grave ou não, no útero, durante o parto ou depois, é espírito em processo de resgate. Veio compulsoriamente ou não, expiar erros, já que tem idade milenar e viveu em outros corpos antes. Ao sofrer a lei de retorno está, também, servindo de meio de provação para os pais. Merece todo respeito, consideração, assistência e amor. Que sobreviva o tempo necessário aos ajustes, sendo aliviada do fardo na medida do possível. Deus testa os responsáveis por ela, sendo erro clamoroso deixá-la ao sabor da sorte. Ademais, pode estar encarnado no corpo imperfeito um espírito muito querido da família. Ou talvez seja compromisso dos genitores ou responsáveis, perante o Criador, a condução dela a recursos morais e materiais de recuperação.

Capítulo XII

EUTANÁSIA

Assume grandes proporções a discussão em torno da eutanásia. Discute-se o ponto de vista da família do agonizante e em relação a ele. Advoga-se o esgotamento físico, emocional e financeiro dos parentes da pessoa desenganada; também defende-se o direito de todos a um fim digno. O que seria esse fim digno?

Entendemos como o empenho para dar ao outro, mesmo anônimo, o conforto material, e o moral de uma presença amiga ao lado do leito.

Consideradas as circunstâncias críticas da hora, são bem-vindas as providências por melhor qualidade de vida, com alívio dos sintomas, evitando isolar o enfermo. Aliadas à dedicação e carinho dos familiares, tais iniciativas se traduzem em consolo para quem parte, e para os que ficam.

Não captamos o que se passa no lado de lá, enquanto alguém guarda o leito com moléstia terminal. A miopia dos que só veem o lado palpável do drama, aliada ao egoísmo, é culpada por muita precipitação funesta.

A ciência da morte é uma disciplina que reclama mais atenção dos teóricos educacionais. Sistematicamente excluída dos currículos escolares, restritos ao aqui e agora efêmeros, negam ao homem preparação para o destino infinito. Por que esse descaso com algo fatal, coroamento de todas as vidas, sem exceção?

A humanidade carece da madureza humilde, que a dobre sobre a evidência da necessária reflexão sobre o desconhecido. E por que o uso sistemático do termo desconhecido, quando as forças cósmicas se empenham em revelações? O mero fato da ignorância deveria impulsionar a busca, não alimentar tabus e superstições.

Provam-se nos laboratórios, por a + b, certas propriedades da matéria ponderável, mas a imponderável permanece nos arquivos mortos da inteligência.

A ciência espírita demonstra, à luz da razão, que morrer é um processo de transferência, envolvendo operação melindrosa. O espírito começa a se preparar para uma boa morte no momento em que é encaminhado ao corpo. Nem o mais insignificante verme morre sozinho e desamparado. A natureza, de ordem divina, tudo prevê. O princípio vital, intrínseco a tudo que vive, vegetal e animal, jamais se perde. Entidades responsáveis pelo seu direcionamento cuidam para que o ritmo harmônico não se quebre, com prejuízo da cadeia evolutiva.

Preveem-se operações muito complexas na desencarnação de alma inteligente. Dificuldades diretamente vinculadas ao uso do homem de sua liberdade de ação. Equipes inteiras de espíritos se mobilizam para o desligamento iniciado horas antes da morte cerebral. Estas entidades promovem os súbitos momentos de lucidez, muito comuns em moribundos. Tais clarões da memória são de suprema valia e deles muito se beneficia o desencarnado, no além-túmulo. Nesses instantes, ele às vezes reformula atitudes, perdoa ofensas, volta-se para Deus. Cria condições fluídicas benéficas ao passamento, minorando a transição crítica de um plano de vida para outro.

O que nos autoriza a interromper o processo natural, cassando o direito do doente a consolações inenarráveis?

Deixemos, portanto, a vida seguir o curso sem forçar prolongamentos estéreis, tampouco bruscas rupturas. Confiantes, e de consciência em paz, entreguemo-la a Deus, seu único e legítimo Doador.

1 – Eutanásia caridosa

Apoiados em preocupações com os parentes, justificamos a eutanásia. Argumentamos acerca do alívio de uma vigília prolongada, infrutífera e desgastante. Mas, na verdade, interferimos na provação justa ao harmônico convívio deles com a Justiça Maior. A dor moral molda o espírito para a ascensão. Burila nosso ser o sofrimento pela agonia de um ente amado, despertando o sentimento de solidariedade e fraternidade.

Ninguém pede a dificuldade, mas a condição evolutiva dos terrenos tem nela remédio adequado à cura espiritual. Nessa hora, o espírito empedernido se volta para o Cristo, recebendo grandes benefícios. Orando pelo enfermo querido, recebemos, no intercâmbio que se estabelece com o invisível, o antídoto para os próprios males.

Enfermidades mais ou menos longas representam muito em bênçãos espirituais. O espírito se prepara e se fortalece enquanto o corpo mina. É como se a mente absorvesse a energia que falece nos órgãos.

Nessas ocasiões, a mediunidade latente em todos nós se acentua. O moribundo vê e ouve amigos espirituais, de plantão à sua cabeceira, e é inspirado por eles. Respeitemos informações dos doentes graves acerca da presença de espíritos no quarto. Às vezes é delírio, mas em noventa por cento dos casos é realidade. O enfermo recebe instruções, consolações e encorajamento, haure forças para se desligar do corpo.

Com que direito vamos interromper esse processo instrutivo com uma injeção caridosa?

2 – Eutanásia científica ou eugênica

Que dizer da eutanásia eugênica, que atinge vidas intrauterinas? Após o advento da ultrassonografia detectam-se o sexo e anomalias fetais. No caso destas, recorre-se ao aborto, justificado como benefício ao futuro aleijado, evitando sua penúria.

A provação pelo aleijão ou idiotia traz implícita a urgência do resgate. O espírito carente de um corpo imperfeito vê-se impossibilitado da expiação.

Agredindo a lei de ação e reação, o aborto gera nos seus promotores efeitos funestos. Incluem-se os médicos, os curiosos, os profissionais da área, e os pais, que o consentiram.

Não é o acaso que situa almas em corpos deformados nesta ou naquela família. Liames do pretérito ligam uns aos outros. O recuo dos pais, ditado também por comodismo, orgulho e covardia, apenas prorroga o prazo para o exercício pendente. Mais tarde ele se realizará, com os previsíveis acréscimos de dificuldade pela delonga. Aceito com carinho e amor, o parente deficiente se converterá em bênçãos para a comunidade familiar.

Todos aspiramos a ter filhos belos e saudáveis, que nos deleitem e orgulhem. Mas vínculos anteriores ou necessidade reeducativa nos solicitam. Não estando encarnados para o divertimento, acolhamos os reveses, mudando o ponto de vista diante da vida terrena. Os desgostos vistos sob o ângulo da transitoriedade passam a meros incidentes, se comparados ao ditoso porvir.

Não menos grave é o assassínio de seres indefesos, os nascituros deformados ou vítimas de paralisia cerebral. Argumenta-se tentativa de seleção dos membros para uma sociedade esteticamente viável e produtiva. Isso nos remete à triste lembrança da barbárie das idades antigas. Mais recentemente, ainda sob o eco dos gritos, vimos a prática nazista, na Segunda Guerra Mundial.

3 – EUTANÁSIA ESPIRITUAL

Só às equipes espirituais que assistem o doente, preparando-o para o desligamento, Deus permite abreviar a agonia. Por merecimento ou necessidades outras, que escapam à nossa compreensão. Pode-se dar que o espírito esteja pronto e o corpo, ainda forte, o retenha. Nesses casos, os médicos do espaço atuam nos centros vitais, encurtando um sofrimento, naquela circunstância, inútil. Tudo efetuado em nível da espiritualidade, sem interferência de encarnados, nem mesmo pela inspiração.

Não vá dizer o médico que foi inspirado a desligar os aparelhos. Não vá dizer o parente que ouviu vozes autorizando injeção caridosa. Não diga ninguém de intuição a respeito. A eutanásia espiritual jamais se utiliza da cooperação dos encarnados. Ocorre sem deixar vestígios, não é possível diagnosticá-la segundo a ciência médica terrena. Desliga-se o espírito do corpo em consonância com as leis do mundo espiritual.

Respeitemos a evolução natural da doença e, nos seus estreitos limites, assistamos o enfermo com recursos da medicina e, em especial, com abnegação e amor. E não nos surpreendamos na hipótese de ele, apesar de estar no limiar da morte, se erguer para a vida.

Capítulo XIII

ABORTO

O aborto muito raramente se verifica obedecendo a causas de nossa esfera de ação. (...) Entretanto, tudo fazemos, por nossa vez, para opor-lhe resistência (...). Claro que nossa interferência, em se tratando de luta aberta contra nossos amigos reencarnados, transitoriamente esquecidos da obrigação, tem limites.
André Luiz, psicografia de Chico Xavier

SE A GESTANTE CAPTASSE mínima parcela do significado da gravidez, não cometeria aborto. Independente do aspecto religioso, a sensibilidade se revolta ante o ato covarde de aniquilar seres indefesos. A muitos repudia a visão do sacrifício de animais para o consumo. Mas, pessoas que não abatem um frango, adotam a ação terrível, eliminando vidas geradas em si mesmas.

Toda dificuldade, originada na paternidade e na maternidade, é bênção de luz na esteira de nossa trajetória rumo ao infinito. Sequenciamento da lei divina, a concepção representa exercício específico nesse ou naquele estágio evolutivo em suspenso. Entendido assim, o aparente obstáculo aos projetos imediatistas se converterá em tarefa aceita com desassombro e amor.

1 – Perigo para a gestante

A agressão à ordem natural de reprodução da espécie tem a resposta justa do próprio organismo. Isso repercute no programa de vida da máquina lesada, reduzindo o seu tempo. Regida por leis matemáticas, a natureza – em qualquer desvio de seu curso – gera o retorno preciso ao equilíbrio.

Suponhamos a máquina programada para transformar matéria-prima em seu interior. Ela obedecerá etapas próprias, só interrompendo a emissão de energia, dosada segundo a necessidade, após a elaboração final do produto. Retirada a matéria antes do término, o equipamento continua emitindo energia, agora inútil, até provocar pane e entrar em colapso.

Arrancado o feto, o corpo da mulher sofre, em regime de urgência, todo um processo de reajuste à brusca mudança. Não é difícil prever o gradual exaurir das forças vitais e o imperceptível, mas inexorável, caminhar para a desencarnação prematura.

Vejamos os casos de gravidez de alto risco, segundo a ciência dos homens: não sendo a hora da morte da mãe, ocorre o aborto espontâneo; senão um dos inexplicáveis milagres, capaz de sustentar a gestação com sucesso até o fim.

Mas pode ser – que sabemos nós? – a sequência natural da lei maior. Se chegou o dia, a pessoa desencarna, independente da gestação. Nesse caso a concepção representa preciosa oportunidade de um último serviço, adquirindo créditos espirituais. Ao tempo em que se harmoniza com o Alto, ressarcindo débitos, propicia um corpo a espírito necessitado.

Compete-nos, sempre, a reflexão sobre o porquê de certos remédios amargos, um elixir indigesto, o purgante depurador. Pai nenhum castiga por prazer; Deus não preceitua a corrigenda sem motivo justo.

2 – Gravidez por estupro

Nessas circunstâncias, os arautos do aborto apoiam-se no argumento da eliminação do efeito para supressão da causa. Atitude pueril. Morto o feto, anula-se a violência que o gerou, à semelhança de borracha apagando a escrita?

Analisando a partir do ponto de vista da vítima do estupro:

a – Ninguém a obriga a criar o filho.
b – Há centenas de casais desejosos de adotar crianças.
c – Os meses de gravidez passam logo.
d – O remorso dura a vida inteira.

Consideremos o fato sob prisma mais abrangente que o da ótica estreita do aqui e agora terrenos. Refletindo sobre nossa origem, responsabilidade e destino, a traumática experiência do estupro, e consequente gravidez, ganham nova perspectiva.

Todos estamos aqui de passagem, para realizar um projeto individual. Fomos situados no meio social adequado ao cumprimento do programa que nos assinala a necessidade evolutiva. Temos uma história milenar, quando crescemos lentamente, mercê de Deus, que nos deixa livres para seguir as tendências inatas. Mas, liberdade não nos isenta de responsabilidade. Os atos repercutem e se gravam nos arquivos da economia espiritual, exigindo reajuste. Erros do passado voltam na configuração mesma da sua natureza. E os espíritos que privaram deles se cruzam na trajetória das vidas sucessivas. Tudo num processo espontâneo e natural, quando vítima e verdugo se deparam para a rearmonização. Como o espírito não retrograda, aquele que foi injustiçado antes não se fará justiceiro pela injustiça. Será instrumento de reajuste, segundo os parâmetros da Lei Maior, inalcançável à inteligência rudimentar do atual estágio do homem terreno.

Isso posto, situemos estuprador e feto bastardo no círculo das criaturas da mesma origem nossa, ambos carentes de esclarecimento: o primeiro, pela reeducação e corrigenda, com o seu sequestro do convívio social para evangelização e conscientização dos seus deveres; o segundo, pela oportunidade de ganhar um corpo que o sirva por determinado período de estudo na Terra.

Ninguém veio aqui para o lazer; do bandido ao sacerdote, do culpado ao inocente, todos temos débitos por saldar e aprendizado a fazer.

3 – Fuga da responsabilidade

A cada recuo somos constrangidos a recomeçar na condição do devedor, que acumula juros sobre a dívida inicial. O roteiro estabelecido visa a solidariedade universal, e o menor desvio da rota exige reparo.

Negando-se à maternidade já instalada, pelo aborto consentido, a mulher aniquila a esperança do reencarnante. O espírito sofre o horror do sacrifício, padecendo dor e angústia terríveis. Relegam-se a futuro remoto os planos para a entidade ligada ao feto assassinado. Todo um novo programa há de ser feito para ela: cada situação reencarnatória é única, naquela condição.

Se for ainda ignorante, o espírito reencarnante volta-se contra aquela que o expulsou do útero. Caracteriza-se, então, um caso de obsessão de lamentável desfecho.

Os espíritos superiores, encarregados da administração planetária, veem, preocupados, as sistemáticas campanhas pela legalização do aborto. Impera o equívoco na pregação de liberdade fictícia. Desfraldam-se bandeiras de desregramento em prejuízo do uso digno da energia genésica, o que nos elevaria no âmbito da imortalidade. Perdem-se, influenciadas por esse discurso, encarnações inteiras.

Só compreendendo o estatuto divino, e como nos situamos nele, anulam-se os enganos.

Igualmente lesiva é a tentativa de instituição da pena de morte no país. O Brasil, destinado à elevação dos povos terrenos, pelo exemplo edificante na fé, não pode retroagir.

A ninguém é dado o direito de eliminar seu semelhante, por mais que se ilustre de argumentos legais. A legalidade, com Deus e com Jesus, é o amor irrestrito, que não regateia a ninguém oportunidade de revisão. Deus nos concede número ilimitado de encarnações para que edifiquemos o melhor de nós mesmos. Vai o homem, falível em juízo, se arvorar do direito de interromper a marcha? Espelhemo-nos na lição divina, e não caiamos na armadilha do retrocesso.

Capítulo XIV

MORTE

O ESPÍRITO NÃO MORRE, e sim o corpo, exausto ou com os órgãos lesados. Alça-se o espírito à faixa vibratória própria de sua natureza, devido à falência da máquina carnal. Anulam-se então no corpo a capacidade de expressão, inteligência, emoção, sentidos, mobilidade, atributos do ente astral.

1 – Gênero da morte – Duração da vida

Não há fatalidade absoluta. Nosso destino se subordina ao livre-arbítrio. A desencarnação se dá desse ou daquele jeito, conforme a pendência do espírito em relação à lei divina. Sendo por isso episódio de expiação.

Mas os dois aspectos, tempo de vida e gênero da morte, podem ser revistos pela espiritualidade superior. Eles se ligam ao uso que fizermos da liberdade. Mortes programadas para agonias cruéis podem, conforme a conduta do interessado, ser amenizadas. São créditos conquistados na prática do bem, logrando merecimento e alteração na contabilidade do deve e do haver.

Excepcionalmente, há dilatação do período encarnatório. Exemplo: se determinada tarefa não se conclui por motivos alheios a nós e seja significativa à marcha da lei. Diz-se disso moratória, um favor de grave acréscimo da responsabilidade do beneficiado. Mas, se o encarnado se desvia do programa, em prejuízo espiritual dele e de terceiros, pode ter desencarnação antecipada. Muitas mortes prematuras refletem a piedosa mão do Pai que, prevendo o desastre, detém a derrocada.

2 – Evolução e obsessão – Suicídio

Um dado relevante na história do nosso destino é a felicidade. Fomos criados para a alegria e a perfeição. Queira ou não, o espírito chegará ao estágio estabelecido por Deus. Mas nada se conquista sem esforço, disciplina, conhecimento. Não se trata de prêmio ao comodismo. Quem se nega ao polimento de si mesmo, amassa o barro com lágrimas em insucessos repetidos.

Passamos por inúmeros estágios evolutivos antes de podermos usar um corpo humano. Criaturas simples e ignorantes ao primeiro sopro de vida inteligente, desde então temos propensões idênticas para o bem e para o mal. Basta bom-senso para identificarmos a escolha que fizemos, perseverando nela desde milênios. Permanecemos neste vale de dor porque optamos pelo mais fácil, a larga porta da perdição. Os outros, que se apertaram na porta estreita do bem, vivem em orbes melhores, ou já não carecem da reencarnação.

Quanto a nós, os deserdados das próprias possibilidades, se não revisarmos atitudes urgentemente, corremos risco. Ameaça-nos a degredação para planetas mais primitivos, com suas consequentes dificuldades morais e materiais.

O globo terrestre se transformará, ao correr do III milênio, em mundo de regeneração. Espíritos endurecidos, que não acompanharem o progresso, serão impedidos de renascer aqui.

Para atender a essa evolução da qualidade de vida, o programa reencarnatório da Terra sofre revisão drástica. Já reencarnaram entre nós espíritos com tarefas específicas neste projeto de regeneração do Planeta. Estão na infância e na adolescência corporal e representam leva considerável de força saneadora. Mentores espirituais elevados supervisionam, em nível extrafísico, a preparação desses missionários para o trabalho regenerativo da população terráquea.

Obsessão – Pela nossa condição de espíritos em resgate, estamos sujeitos, também, às influências de espíritos infelizes. O vulgo não identifica os sintomas de certos assédios, portas abertas à obsessão. Ela é muito mais comum do que se pensa. O obsessor age sutilmente, minando as defesas morais e físicas da vítima. As mais das vezes, aflições e distúrbios orgânicos, crônicos ou não, são causados por antigos credores, em prolongado processo obsessivo, nem sempre entendido.

Encarnados, somos reconhecidos pelos inimigos, quer estejamos abrigados em corpo infantil, ou adulto, ou de natureza sexual estranha à nossa. Eles nos veem na essência do corpo astral.

Eficiente antídoto contra as invasões à personalidade é o conhecimento espírita. Aplicando as diretrizes da doutrina a toda circunstância de vida, tornamo-nos decepção para os perturbadores. Desanima-os a determinação firme de recusa às suas sugestões, e eles acabam desistindo. Efetiva-se, então, a troca de companhia ignorante por espíritos benfeitores.

Deus, às vezes, permite que forças invisíveis nos atormentem, por expiação ou alertamento. Elas agem como mola impulsora ao norte do caminho ideal.

Compreendendo-o, e aceitando tratamento espiritual, o ser obsidiado ajuda seu obsessor e faz dele um amigo. A evangelização do perseguido e sua cooperação atuam também sobre o perseguidor.

Há outro tipo de obsessão, esse gerado pelo liame amoroso. Amor demasiado, possessivo, o apego doentio a pessoas, pode criar condições obsidiadoras. Tanto do desencarnado em relação ao encarnado, como o oposto. Vivos também obsidiam. Exemplo comum é a obsessão da revolta e do inconformismo por desencarnação de afetos. Cria-se um fio de ligação mental entre o vivo e o falecido, impedindo este de se recuperar do choque da transferência. Solicitações pela presença do morto, por notícias e favores, lamentos e rogativas o angustiam pela impossibilidade de resposta.

Pela psicografia de Chico Xavier, André Luiz fala do socorro drástico a desencarnados obsidiados por parentes da Terra: algo como tratamento de choque, por meio de amnésia temporária, pois as exigências deles impedem o equilíbrio emocional, com grave repercussão no psiquismo do ausente.

Igualmente, o morto, não se conformando em partir, obsidia os familiares com sua presença perturbadora. Dolorosos estados de depressão, melancolia, doenças diversas daí advêm, em consequência dos miasmas mentais, que deterioram o ambiente.

Estando de passagem por aqui, sujeitamo-nos a partir de imprevisto, em separação provisória dos associados na jornada, como não estão eles isentos de se anteciparem na viagem. Deus revê cada uma de Suas criaturas após determinado tempo de trabalho particular e inalienável. A compreensão dessa realidade dá o justo significado à ideia de posse recíproca entre as pessoas. Adquire novas tonalidades a concepção de minha mulher, minha filha, minha mãe. Ninguém mais acusará o Céu de tirar o esposo, o filho ou o pai amado para todo o sempre.

Suicídio – A destruição consciente do corpo, conseguido a duras penas, e requisitado por muitos candidatos, é um desastre para o espírito. O suicídio lesa interesses coletivos, alterando o equilíbrio da natureza. Tanto os que amam o suicida, como os preteridos na posse do vaso carnal destruído, são afetados.

De ordem divina, o corpo é digno de respeito para que sirva às suas finalidades. Além disso, deter suas possibilidades, a meio caminho, redunda em grande decepção para o espírito ao retomar consciência: a morte não elimina preocupações, não cura doenças, nem soluciona casos difíceis. Foge-se de problemas, e se envereda por uma sucessão de dores inenarráveis, acrescidas das mesmas dificuldades. Adiciona-se ao todo problemático mais um estado crítico, sem que o espírito consiga atuar sobre os fatos martirizantes. O suicida conserva os sintomas da causa mortis, para ele eternos: vivencia a dor do ferimento, que não se cicatriza, a asfixia sem trégua, a ação lenta e corrosiva do veneno etc., por um longo período. Condena-se a reviver em organismos físicos defeituosos exatamente no ponto onde a ação mortal se fez.

É vedado ao suicida, por um longo período, o reencontro com seres queridos, que o precederam. Em certos casos, os entes amados estão ao seu lado e ele, por expiação, não logra vê-los.

O móvel mais comum do suicídio é a crença do nada após a morte, ou o julgamento enganoso de que morrer é descansar. Entendendo-se a condição da alma além da morte, em correspondência com atos da vida, o gesto tresloucado não se efetiva.

Vejamos a diferença entre o suicídio direto e o indireto. No direto, o indivíduo usa as mãos contra si mesmo. O indireto consiste no descaso, ou abuso, em relação ao próprio ser, negligenciando saúde, higiene, e cometendo excessos de qualquer natureza.

Um organismo, para ser saudável, pede repouso, lazer e nutrição adequados. Não degenere o repouso para a preguiça e ociosidade, o lazer para o desregramento, a nutrição para a glutonaria.

Cumpre, ainda, referência a suicídio inconsciente,

nos casos de embriaguez, loucura ou estados alucinatórios. Nessa condição, a responsabilidade do infrator é avaliada consoante padrões próprios à sua parcela de culpa.

3 – O DESPERTAR NO ALÉM

Recomenda-se silêncio, equilíbrio e serenidade ao pé de agonizantes. A cooperação dos encarnados facilita o melindroso trabalho dos cirurgiões do espaço. Rogativas para que não ocorra o desenlace, desespero e aflição interferem num desligamento bem-sucedido.

Oremos, na intenção de ajudá-lo a aceitar os desígnios de Deus, rogando, para o desencarnante, proteção, confiança e coragem.

Mortos de repente, às vezes, ignoram a desencarnação, afligem-se por não serem vistos e ouvidos, vagam sem rumo. A presteza, ou não, do socorro espiritual, se prende ao seu maior ou menor merecimento.

É ilusória, quase sempre, a crença de felicidade nas mortes súbitas. Enquanto o surpreendido pelo inesperado sofre o impacto da ruptura, o doente é desatado do corpo, suave e docemente.

Com raríssimas exceções há um período de perturbação, espécie de aclimatação à nova faixa vibratória. O espírito sai de uma esfera de matéria densa e ingressa em outra, de matéria sutil. É preciso se acostumar ao novo *habitat*, à semelhança do mergulhador, que emerge lento à superfície, preservando-se de colapsos.

Geralmente, o novo desencarnado passa por um

processo de sonoterapia, restaurador das forças combalidas. Mas, adormecido, recebe as impressões do pensamento que lhe é endereçado. Mentalizações positivas agem sobre ele como chuva energética, refazendo-lhe as forças psíquicas. Ideias de revolta, raiva, desrespeito, vingança, provocam respostas negativas, como delírios, pesadelos, vários estados mórbidos.

Capítulo XV

O CORPO APÓS A MORTE

NA FILOSOFIA ESPÍRITA DEPARAMO-NOS com a sequência matemática do destino: nascer – morrer – renascer para tornar a morrer. Ou antes: encarnar – desencarnar – reencarnar para tornar a desencarnar.

É natural que desejemos desvendar o futuro da vida, após a morte do corpo. Morrendo este, mera vestimenta do espírito, seguimos mais vivos do que nunca.

Em determinadas circunstâncias, o espírito se mantém ligado ao corpo. Após anos de convívio estreito com o vaso físico, permanece o elo emocional. Conforme a afinidade do espírito com o organismo físico, ele se recusa a deixá-lo, inconformado com o fim.

Alguns entraves à libertação do espírito: narcisismo, apego aos bens materiais, amor possessivo à família, paixões mundanas, ignorância da vida espiritual, medo, culpa, remorso etc.

O corpo esgotado e inerte, nenhuma função vital, coração quieto, morte cerebral, e a alma não aceita a morte. É frequente nem mesmo saber do ocorrido, entrando numa fase crítica de perturbação.

1 – Velório

Não há uma desencarnação igual à outra. Cada caso é um caso, cada espírito se situa num grau diferente de progresso, reclamando reajustes próprios à sua condição. Maior ou menor dificuldade de desligamento, ou de agonia física, está na razão direta dos reclamos particulares perante a lei divina. As implicações da desencarnação estão em íntima relação com o equilíbrio vindouro do espírito.

Ficaríamos deveras impressionados, se nos fosse dado ver a atividade do mundo invisível, em torno do leito de um moribundo. Igualmente nos surpreenderia a movimentação de entidades entre destroços de desastres terrenos; sob as águas, no meio de náufragos e afogados; soterradas com as vítimas de desabamentos e até em meio a chamas nos incêndios. Onde quer que haja uma desencarnação, os espíritos se apresentam, auxiliando o novel habitante do plano astral.

Nem sempre o defunto tem consciência desse socorro. Aí se exerce a lei de merecimento. Às vezes, é útil que se sinta só e desamparado, com tempo para refletir e se reajustar. Ou precisa de sono reparador das forças combalidas por doença, ou de tratamento de choque, ou de refazimento da integridade do perispírito. Este molde do espírito, semimaterial e imune à morte, sofre os efeitos das agressões ao corpo por fatores externos; entre eles, os ferimentos, a glutonaria, a toxidade e a loucura, de origem orgânica ou obsessiva.

Velhos conhecidos, parentes ou amigos cuidam do calouro, e ele pode, ou não, percebê-los. A lei de afinidade age no bem e no mal. Casos de espíritos pervertidos, maldosos, endurecidos em erro conduzem à integração quase imediata a bandos da mesma índole. Grande prejuízo daí advém, com perda de tempo e estacionamento no erro improdutivo.

A visão física da morte raramente corresponde à realidade.

O fulano morreu como um passarinho é o atestado visível, não o retrato do lado de lá. Nunca se sabe a situação qualitativa do espírito, que apenas encerra uma etapa de diversas vidas, as quais desconhecemos.

Não santifiquemos precipitadamente o morto. Talvez necessite muito de orações e já o estamos sobrecarregando com rogativas. Deixemo-lo em paz, rogando a Deus o amparo de que carece e a obediência dele aos conselhos de seus benfeitores.

A morte do corpo não muda a personalidade, como não se altera o temperamento à simples troca de roupa. O espírito liberto leva consigo qualidades e defeitos, a cultura adquirida ou a ignorância.

Isso posto, consideremos a presença provável do espírito ao velório dos seus despojos. Naturalmente em condições de extrema debilidade, penúria e confusão.

Propiciam-lhe condições de restaurar as forças e o consolam muito o recolhimento piedoso, oração e respeito. É imenso o poder da prece no auxílio aos convalescentes da vida corporal. As conversas vãs, maledicência e piadinhas de mau gosto, e curiosidade, agem desastradamente sobre o morto.

Acontece o espírito desencarnado assistir ao próprio enterro, quase sempre amparado por operosos obreiros do espaço. A operação desligamento demanda tempo, variável ao infinito. Daí a conveniência de velar o corpo pelo menos vinte e quatro horas antes do sepultamento, dando-lhe tempo para se adaptar ao novo estado. Na hipótese de cremação os amigos espirituais aconselham setenta e duas horas.

2 – Doação de órgãos – Transplantes

Por sua dinâmica progressiva, o espiritismo explica descobertas ou até se antecipa a elas. Indaga-se, então, por que os espíritos não fazem revelações que aliviem os males contemporâneos. A isso, respondem que não isentam o homem do trabalho, pois é trabalhando que ele progride.

Caso ditassem descobertas científicas, soluções miraculosas, a humanidade estacionaria. O ignorante, sem esforço, se tornaria sábio, o preguiçoso viveria em ociosidade improdutiva, o mau não se regeneraria. Pelo exercício, desenvolve-se a inteligência; pela dificuldade e sofrimento, aflora a sensibilidade. O trabalho resgata o homem e elimina resquícios da animalidade. A experiência no insucesso conduz à segurança do sucesso. Revisando erros, chega-se ao acerto.

Viver é constante exercício de aperfeiçoamento e redescoberta, onde se reveem técnicas, éticas e estéticas, gerando hábitos, costumes e conceitos. A cada mudança revisionista de padrões menos desejáveis, o homem se aproxima do objetivo estabelecido para ele: a felicidade.

Vejamos a controvertida questão da doação de órgãos para transplante. Tabu para certas pessoas, temerosas da mutilação cadavérica, ou desconfiadas dos médicos, é natural que a família do morto hesite em autorizá-la.

Elucida-nos a respeito o nobre Emmanuel, guia e mentor do médium Chico Xavier:

> A doação de órgãos deve ser regida pela consciência individual. Se o desencarnado é muito apegado ao corpo material, poderá se sentir um tanto perturbado, mas sem gravidade. Tendo notícia do real papel do próprio corpo na trajetória ascensional do espírito, entenderá. Uma vez inútil ao seu trabalho, algo dele serve ao outro, cuja máquina perdeu só um parafuso. Como o carro fundido ou acidentado cede peças sãs a um menos lesado.

Consolações abençoadas visitarão o espírito nos momentos críticos, vendo o corpo ainda servindo a alguém que periclitava. É como ceder parte boa de uma roupa velha e imprestável ao remendo do terno passível de reforma.

No capítulo dos transplantes, envolvem-se aspectos sublimes e transcendentais. O espírito, muito mais sensível em estado desencarnado, é extremamente receptivo às ações dos encarnados, sentindo-se tocado pelas boas obras.

Ilustremos o tema com um fato verídico:

Certa mãe, tendo autorizado a retirada das córneas do filho, passou a vê-lo, em sonhos, de óculos escuros. Em rápido contato com Chico Xavier, sem tempo à menção sobre doação e óculos vistos durante o sono, sobreveio a mensagem. Numa carta psicografada, de mais de cem laudas, o medianeiro de Jesus acalmou a angústia materna. O rapaz lhe dizia que seu gesto o havia ajudado muito na nova vida. E que usava óculos escuros devido à luminosidade do ambiente espiritual onde se situava, não se cegara, conforme a genitora temia.

3 – Cremação

Por razões semelhantes ao necessário recolhimento dos presentes a velório, a cremação dos despojos pede tempo mais dilatado. Nunca se sabe a condição do espírito recém-desencarnado. Mesmo que o morto tenha sido exemplo de santidade, escapa-nos o passado anterior à existência que deixa.

Ao tomar contato com seu mapa evolutivo, o espírito se sujeita ao registro de débitos grosseiros e, nós sabemos, a justiça divina os cobra. O que pode demandar, ainda, várias incursões à Terra. A aparente vitória de uma vida virtuosa, não se traduz em quitação das dívidas. Daí a cautela. Caso a pessoa não tenha exercitado o desapego de si mesma, aqui entendido o corpo material, se sujeita a ilusão de dor; permite-o a sensibilidade extraordinariamente aflorada no ser espiritual, combinada à presença de sensações terrenas, comuns no recém-desencarnado.

Com muito mais propriedade, evidentemente, outra vez é o sábio Emmanuel, na psicografia de Chico Xavier, quem nos esclarece:

> Na cremação, faz-se mister exercer a piedade com os cadáveres, procrastinando por mais horas o ato de destruição das vísceras materiais, pois, de certo modo, existem sempre muitos ecos de sensibilidade entre o espírito desencarnado e o corpo onde se extinguiu o tônus vital, nas primeiras horas sequentes ao desenlace, em vista dos fluidos orgânicos que ainda solicitam a alma para as sensações da existência material.
>
> *O Consolador*

Capítulo XVI

SOBREVIVÊNCIA DO ESPÍRITO

PURA NEGAÇÃO DA LÓGICA é a crença de que tudo se acabe no túmulo. Fecham-se os olhos e os ouvidos à evidência; recusam-se a leitura das páginas da natureza e do íntimo dos mesmos seres que negam a razão. Mas a intuição do passado milenar, arquivado no íntimo de todos, insiste em se manifestar, apesar deles.

Os incrédulos prefeririam estar enganados na sua assertiva de que tudo se perde com a morte. Quem não gostaria de conservar os sentimentos, a cultura, os frutos do trabalho já desenvolvido? Move-os, na maioria dos casos, a vaidade de se integrarem a uma corrente de modismos, dita intelectualizada.

O desenvolvimento humano, como um todo, em inteligência e moralidade, é parte do plano divino. Mas ele não se concretiza sem a correspondente equidade entre uma coisa e a outra. A maioria das criaturas, ainda, se ilude sob o império da luxúria, do egoísmo, e do orgulho, principalmente. Torna-se difícil, então, admitir, de público, a existência de um ser superior aos seus talentos. Mantém-se o pedestal onde se apoiam os pseudointelectuais, negando-O pura e simplesmente.

Deus não violenta nossa liberdade de pensar e agir, como nos demais setores. Mas, igualmente, responderemos pelo uso nocivo da inteligência. Ao disseminar ideias negativistas, adquirimos débitos, na proporção do alcance destruidor delas.

Exemplo de sabedoria encontra-se em Alexandre Herculano quando preconiza:

Eu não me envergonho de corrigir os meus erros e mudar de opinião, porque não me envergonho de raciocinar e aprender.

1 – INTUIÇÃO

A intuição é uma experiência comum a todos. De onde vem a crença natural em outra vida? Observemos o interesse vivo das crianças à menor menção ao Papai do Céu; seus olhinhos brilham, arregalados e ansiosos, como a dizerem: *Eu sei, mas não tenho recursos para explicar.*

Os espíritos recém-encarnados trazem, ainda nítida, a impressão do período vivido na espiritualidade. Nas crianças, o interesse pelo assunto se patenteia antes mesmo das primeiras noções de religião.

Explica-se, pela experiência anterior, a intuição nata do que somos e para onde vamos. Palpita, confrangido nos redutos distantes da memória, o passado, bastando breve referência ao mundo invisível para aflorá-lo.

Deduz-se, logo, da grave responsabilidade dos pais nos assuntos de ordem educativa dos filhos enquanto pequenos. Omitindo-se na questão religiosa, recusam, ao espírito reencarnante, o ensejo de aquisições morais. E isso talvez seja atraente às tendências dele. Por outro lado, os genitores, cruzando os braços, servem eventualmente a inimigos interessados na obnubilação referente ao passado. Dependerá de mão firme deles a opção pelo bem, sempre mais sacrificante do que o mal.

Nos primeiros sete anos, o espírito reencarnante se mantém constrangido ao corpo, ainda inadequado às suas expressões. É a melhor época de plantio, porque essa constrição fá-lo altamente receptivo. Desenvolvidos os implementos carnais, ele retorna à direção de si mesmo, e, se lhe faltou orientação sadia, recai nos hábitos antigos.

2 – FENÔMENO MEDIÚNICO

O que mais evidencia a sequência da vida é o fenômeno mediúnico. Os espíritos vêm até nós para o testemunho da vitória sobre a morte. São seres personalizados, declarando ter vivido no corpo material. Pelo fenômeno mediúnico os homens fizeram contato com a vida de além-túmulo.

Para se fazerem notar, a princípio os desencarnados optaram por manifestações retumbantes. Agora já não são necessários expedientes impressionáveis. Antes dirigiam-se aos sentidos, hoje, à inteligência. As comunicações ostensivas se recolhem aos ambientes próprios ao aconselhamento ou socorro. Fora dessas finalidades resta o mediunismo estéril.

São populares os relatos de casas mal-assombradas, fantasmas, exorcismos. Pedras caem sobre telhados, ouvem-se pancadas em móveis e paredes, rastejam passos por assoalhos, camas se erguem sozinhas etc. Tudo obra de espíritos desejosos de chamar a atenção, carentes de preces e de auxílio.

Mas eles só conseguem agir sobre a matéria se um médium de efeitos físicos lhes fornece o ectoplasma adequado. Manipulam essa substância, energizando o fluido ambiente que, à semelhança da eletricidade, desloca objetos, provoca ruídos, combustão espontânea etc. Afastado o médium, ou doutrinados os desordeiros, cessam os distúrbios.

Sendo o caso de provação para o médium, ele será perturbado pela desordem, onde for. Nessas condições, é preciso tratar da mediunidade pela evangelização do medianeiro. O médium evangelizado aprende a administrar e disciplinar o dom, canalizando-o para a prática adequada aos seus fins.

Já os problemas de possessão indicam o domínio de um espírito sobre a mente do encarnado, anulando a sua vontade. Exorcizar o demônio com ordens e ameaças, nada resolve. Exige-se o tratamento espiritual do possesso que, por invigilância, ficou à mercê de influências destruidoras. Doutrinando-se o possuído, também o invasor é doutrinado.

Possessões ou fascinações não se curam de momento para outro. Além da persistência doutrinária, recomendam-se água fluida, passes regulares, mudança de atitude do doente e tratamento médico para restauração física.

Por ser uma ciência experimental, o espiritismo trabalha com elementos. Mas, diferente das outras ciências, que manipulam elementos em laboratórios para obter determinadas reações, ele lida com abstrações. Sua base de investigação se encontra além da matéria, é extrafísica. Devido a esta característica, originou-se a crença de que o espiritismo se limita ao campo fenomenológico.

Indo além da ciência, o espiritismo é filosofia e religião também. Abrange um todo comportamental e ético, que se reflete na transformação moral da sociedade. Promove a fraternidade e o amor ao próximo, explicando a doutrina cristã, cuja observância aproxima os homens da divindade.

Entre todos os sistemas doutrinários o espiritismo é o que dá respostas mais racionais sobre nosso destino além-túmulo.

3 – Razão

A prevalência da vida e a identidade após a morte têm eloquente atestado na experiência mediúnica durante o sono. Quem já viveu isso sabe discernir entre o sonho comum e a visão espiritual. É desprezar a razão negar evidências que nós mesmos endossamos.

Somos permanentemente bombardeados com pistas na mira dessa verdade. A espiritualidade não regateia indícios resistentes a todo argumento contrário. Basta orientar aspirações nesse sentido e o livro dos mistérios se abre, de par em par, sob nossos olhos. Refletindo sem ideias preconcebidas, aferimos corretamente sobre o depois. Justo e sábio, Deus não deixaria se perdesse o burilamento de uma vida inteira.

Vejamos dois episódios que corroboram, sem margem a quaisquer tipos de especulação, o que vimos de afirmar. Foi protagonista deles a autora física destas páginas.

Eis o seu testemunho:

> Certa vez eu planejara determinada ação em segredo. Meu pai, falecido, mandou-me recado, desaconselhando-me, através de sonho de um amigo. Mas o conselho veio cifrado, num código só a mim compreensível, resguardando os envolvidos no projeto e a própria intenção.
>
> De outra feita, às vésperas do meu aniversário, orei, rogando a papai, como presente, suas notícias. Dormi certa de que sonharia com ele. Isso não se deu, mas dois dias após, esquecida do assunto, tive vontade de organizar papéis velhos. Entre a papelada, cheirando a mofo, encontro carta dele. Fora escrita pouco antes da desencarnação, cumprimentando-me pelo natalício e dizendo que estava bem.
>
> Eu não costumava guardar correspondência no meio de papéis, tinha pasta própria para isso. A carta ficara esquecida entre jornais, recortes, apostilas. Nunca mais havia me lembrado dela.

Espíritos de desencarnação mais ou menos recente não devem ser assim solicitados. O pedido desta filha afligiu seu pai, impossibilitado de atender. Ainda perturbado, na delicada fase de recuperação do choque de retorno, ressentiu-se o equilíbrio emocional.

Às vezes, Deus permite aos benfeitores que assistem os recém-desencarnados promoverem recursos capazes de sossegá-los. Esses amigos espirituais atuam no meio material, se for o caso. Foi isso, em linhas gerais, o que ocorreu naquela ocasião.

Leitos de moribundos também oferecem ensejo de observação e constatação da sobrevivência no Além. Muitos enfermos em estado terminal registram presença de parentes desencarnados. A falência física aguça a percepção espiritual, e o doente, no limiar da libertação, percebe os saudosos familiares. Ilustremos com um fato que presenciamos:

Um irmão agonizou mais de mês no hospital, desencarnando aos quarenta e cinco anos. Intercalava períodos de lucidez e delírio. Estando lúcido, disse à esposa que uns quarenta espíritos já o haviam visitado, transmitindo-lhe conforto.

– *Oi pai!* – dizia em momentos de calma, fitando um ponto neutro. – *Bença, pai!*

Vivendo ora num, ora noutro plano, o doente, cercado por várias testemunhas, falou:

> – Eu só não entendo uma coisa: como pode o papai estar aqui, agora, vivo, se há mais de quinze anos eu assisti ao enterro dele?

Capítulo XVII

INTERCÂMBIO COM OS MORTOS

COMO CIÊNCIA EXPERIMENTAL o espiritismo possibilita o estudo e a prática da comunicação entre os planos físico e extrafísico. O contato, já o dissemos, é permanente e data de tempos muito remotos. Obedece a leis específicas onde causa e efeito determinam o grau e a intensidade do intercâmbio. Tanto o caráter das manifestações, como o todo doutrinário, progridem em estreita relação com o estudo. Esse progresso se faz, também, em consequência do desenvolvimento do senso moral e de melhor administração dos dons mediúnicos.

A qualidade das comunicações está na razão direta de maior ou menor seriedade do ambiente e elevação dos objetivos. Um lugar viciado propicia manifestações de espíritos viciosos ou ignorantes; a mera curiosidade, e o desrespeito no trato com o Além, atraem entidades levianas, que podem gerar processos obsessivos.

Todo cuidado na tarefa medianímica, portanto. Nenhum novato se aventure à prática, sem orientação de médium experiente e idôneo.

Bom médium não é o que consegue facilmente a presença revelada do espírito, mas o que mantém conduta digna em toda circunstância de vida. O medianeiro que se quer bem assistido, exemplifica, nos atos diários, o ensinado pela doutrina: o que prega, lê e ouve. Mantém-se vigilante para não se arredar do bom caminho. Coerente no falar e no agir, torna-se objeto do desvelo de espíritos benfeitores, de quem se faz intérprete.

1 – Cartas do além-túmulo

As deficiências literárias são apontadas em cartas, mensagens, crônicas, poemas etc., originários de outra dimensão.

Fulano não escreveria assim.
O estilo está muito diferente.

Tais críticos jamais averiguam os mecanismos do fenômeno. Preferem a contradita sem uma base que alicerce seus argumentos.

É muito mais cômodo negar do que investigar.

Não é o espírito que toma do lápis ou caneta e traça as letras no papel. Nem mesmo na mediunidade mecânica de psicografia isso ocorre. Essa foi uma das inúmeras modalidades mediúnicas de Chico Xavier: é verdade que ele conversava enquanto a mão escrevia, mas era a mão dele apossada pela vontade do espírito. Nesse caso há uma grande identidade entre o comunicante e o texto final, inclusive semelhança de assinaturas. Mas o comum é a escrita telepática. O espírito pensa o que pretende transmitir e o médium interpreta com os seus recursos, vocabulário, estilo, vícios de linguagem. A mensagem é telegráfica, numa frequência vibratória diversa da em que se situa o médium. O comunicante se ajusta precariamente, sintonizando-se, com esforço, ao encarnado, enquanto reduz a própria vibração. É natural que nessas condições ocorram distorções referentes ao palavreado que o falecido usava na Terra.

O espírito se liberta de pruridos quanto ao estilo, personalismo e vaidade típicos dos encarnados. Depende do grau de evolução, o maior ou o menor cuidado com o juízo pautado por parâmetros terrenos. Sensibiliza-o, sim, o alcance moral de suas palavras, sem observar minúcias em relação à forma: ele valoriza mais o sentido, e menos a letra.

Através do médium de Uberaba, um espírito recém-liberto do corpo diz que *sua carta não é uma página de imprensa*. Outros se referem à dificuldade para se adaptarem ao novo processo de escrita. Outros, ainda, falam do tempo escasso para o recado.

As comunicações se realizam num período relativamente curto. Legiões de espíritos acorrem às reuniões, ansiosos por dar notícia, fazer apelos aos familiares. O médium é o canal para a sua expressão, mas há leis disciplinares rigorosas a serem observadas. Mentores espirituais dirigem, em nível do Além, as reuniões dos encarnados. Tais entidades conduzem ao médium esse ou aquele espírito, conforme conveniências que nos escapam: autorização superior, afinidade fluídica, questões de merecimento, necessidade etc.

Observadas todas as limitações e os cuidados que cercam o intercâmbio, é natural a deficiência. A maioria das mensagens psicografadas peca pela ausência de revisão criteriosa, falhas culturais e copidesque físico. Em nível extrafísico, vê-se a dificuldade de sintonia, a emoção do desencarnado ao rever a família, pressa etc.

Não busquemos, nas cartas, literatura, correção ou o estilo pessoal do morto. Ele se torna excessivamente sentimental nas condições apresentadas.

Consideremos, ainda, que, movidos pela piedade, e desejosos de consolar, os copidesques terrenos imprimem ao texto um tom meio piegas. Chamam, por exemplo, todas as mães de mãezinha, quando, em vida, o filho dizia mamãe.

Toda página bem realizada exige certo distanciamento emocional, o que é impossível na psicografia de cartas familiares. Qualquer escrita que se queira racional, seja em história, literatura, ensaio social, antropologia etc., necessita desse hiato. A isenção do agente é um fato importante para a conclusão.

2 – Preces e sonhos

Verbal ou mentalizada, a prece exerce influência sobre o fluido universal, onde nos achamos imersos. Quanto maior a fé, concentração, recolhimento, mais atuante é essa influência. Dirigido a certo objetivo, o pensamento modifica o fluido, movimenta-o, como faz o som no espaço. O fluido universal é plástico, maleável, e o pensamento, energia pura. As ondas mentais se distendem e se multiplicam ao infinito. Verdadeiras correntes de fluido magnético as conduzem ao destino que nossa vontade lhes imprime. Força poderosa, o pensamento viaja na crista das vibrações sucessivas e ininterruptas, veloz como o som, até o alvo visado.

Comunicamo-nos com os mortos orando por eles. O espírito desencarnado é mais sensível às impressões mentais, já que não o oprime o peso do corpo grosseiro. Nossas preces chegam até eles praticamente materializadas e ressoam como vozes interiores no seu organismo etéreo.

O espírito André Luiz narra a chuva de pétalas azuis, desfazendo-se ao lhe tocarem a fonte. Transmitia-lhe, na fase crítica de adaptação ao novo mundo, melhoras revigorantes das energias. Alguém orava por ele naquela hora.

Mentalizemos a dádiva de amor com humildade e confiança em Deus, dirigindo-a aos entes queridos no Além. Com a permissão d'Ele, a representação fluídica, ou a imagem mental da prece, chegará ao destino. De algum modo, a boa intenção em favor de outro recebe resposta. Deus jamais fecha a porta ao exercício do amor.

Também sobre o espírito encarnado a prece exerce muita influência. Mas, dado o obstáculo do corpo material, ela atua mais lentamente e de forma sutil. A energia mobilizada pela vontade caridosa há de transpor a barreira física até a mente, ou seja, o espírito. Daí a necessária perseverança do hábito da oração em favor dos semelhantes em penúria moral ou material. Devagar, os eflúvios do amor, feito prece, modificam as disposições menos felizes do irmão em dificuldade.

Observemos a divergência entre o ponto de vista material e o espiritual. O que parece um mal representa o remédio adequado à cura. Ao pedir, consideremos este aspecto. Roguemos coragem, compreensão e resignação frente a dor moral ou física. Não nos invistamos em juízes da Providência Divina. Provisoriamente esquecidos do passado, somos incapazes de discernir sobre o que seja melhor para nós ou o nosso semelhante. A prece inspira ações e atitudes favoráveis ao cumprimento de tarefas aceitas antes da atual encarnação. Aqui se incluem provas e expiações de atos do passado milenar do espírito. Incluem-se, também, resgates de erros perpetrados em prejuízo de irmãos a caminho.

Concluindo o raciocínio, vê-se a importância de orarmos pelos inimigos. A prece abranda a sua ira, transforma a vontade e neutraliza o desejo de nos prejudicar. Pela oração conseguimos fazer de inimigos encarnados ou desencarnados, amigos e solidários.

Orando pelos que nos perseguem, injustiçam ou caluniam, erguemos uma couraça magnética em torno de nós mesmos. Isso repele as vibrações negativas emitidas pelos que ainda não foram tocados por nosso desejo, sincero, de harmonia com eles. É lei de retorno, sob a execução de entidades benfeitoras atentas a tudo. Vista a nossa disposição de cooperar com o plano de reconciliação universal, esses espíritos nos protegem. No caso de encarnados, nossos inimigos são auxiliados na revisão de atitudes; os desencarnados são conduzidos a locais adequados ao esclarecimento, pela evangelização.

Se fôssemos estudar melhor os sonhos teríamos capítulo à parte. Portanto, dada a complexidade do fenômeno, nos deteremos em noções superficiais. Há sonhos e sonhos. Dormindo, revivemos, em turbilhão, fatos passados em vigília, preocupações guardadas no subconsciente, passagens arquivadas na memória profunda. Isso explica os sonhos absurdos.

Mas há os que são claras evidências do labor espiritual, enquanto o corpo dorme. Nessas condições, o espírito se liberta parcialmente, e pode ir longe do ponto em que repousa o vaso físico. Sem risco de desencarnar, pois o elo fluídico que o liga ao corpo só se rompe em condições propícias. Isso significa o cessar das funções vitais, o mesmo que morrer. Dormir é muito diferente.

Em uma comparação grosseira, lembremos a lâmpada no terminal elétrico: o corpo é o motor gerador, o espírito, a lâmpada. Qualquer alteração no motor se comunica à lâmpada, que reage num átimo de segundo. No sono, o corpo funciona e o espírito se ilumina em liberdade. Acordados, constringimos a alma nos limites dos apelos materiais.

Não ocorre a morte na ausência do espírito. Se é chegada a hora, e o espírito não está presente, sua volta é compulsória. A operação desligamento sem as partes envolvidas é impossível, pois a *corda* que as prende está firmemente imantada a ambas.

Há diferenças acentuadas entre espíritos desencarnados e aqueles em liberdade provisória. Em condições excepcionais, os últimos assombram os outros.

Lembramo-nos raramente dos encontros espirituais enquanto dormimos. Registramos a evidência de movimentação, sem explicá-la. Espécie de clarão na memória, *flashes*, uma ou outra palavra, cena fugidia. Mas gravamos a experiência nos recônditos da memória. Em razão desses arquivos inconscientes tomamos decisões, mudamos de ideia, achamos soluções para problemas pendentes. Os conselhos, ouvidos ao longo da noite, se refletem no dia a dia muito mais amiúde do que poderíamos supor.

Compreende-se, então, a importância da preparação antes de buscarmos o leito. Observemos higiene mental e profilaxia orgânica, evitando sobrecarregar cérebro e estômago com trabalho extra. A prece noturna é um meio salutar de nos colocarmos em sintonia com bons companheiros nas horas de repouso. A lei de afinidade se exerce também nessa área. Espíritos maliciosos darão o braço ao seu igual, assim como os benfeitores se acercarão do bem-intencionado.

Há encontros tão reais, que acordamos vivamente impressionados. Um parente, amigo, mostra-se claramente, que ainda o ouvimos ao despertar, sentindo seu abraço, lembrando a nitidez fisionômica. Deus o permite, se merecemos, quando o comunicante tem licença ou há necessidade. Não se deve forçar nada. Tudo relacionado às leis divinas é muito espontâneo, regido por códigos inquestionáveis.

Adormecidos, revemos amigos da vida errante, isto é, das fases passadas na espiritualidade. Esses contatos trazem alegria, e despertamos nostálgicos, sem entender o porquê. O espírito tem saudade do tempo vivido em liberdade.

Almas afins encarnadas, no momento, distantes, podem se ver enquanto os corpos dormem. Isso as fortalece e anima para o cumprimento das tarefas pedidas, visando o avanço desejável.

Objetos e símbolos vistos em sonhos levam, em dadas circunstâncias, a resultados previstos por amigos espirituais. Vejamos um exemplo: chegada a hora do treino da psicografia, o médium adormecido foi levado à escola espiritual. Escreveu várias páginas de exercício mediúnico com o duplo fluídico de caneta-tinteiro que possuía. Ao acordar, lembrava-se de um sonho com sua caneta fora de moda. Ela se sobressaía nítida, colorida, em meio à movimentação confusa em locais sem cor. Refletindo, concluiu que fora um convite subliminar ao trabalho. Sua mediunidade escrevente jazia abandonada às traças, como a caneta, largada num fundo de gaveta.

3 – APARÊNCIA DOS ESPÍRITOS

Encarnado, o ser humano compõe-se de três elementos: corpo físico, perispírito e espírito. O perispírito é o molde do espírito, ou seja, ele contém a essência divina, o espírito propriamente dito. Comparando, a grosso modo, lembremos da laranja: a casca seria o corpo material, o perisperma ou bagaço branco, o perispírito, e o núcleo ou gomos, o espírito.

O perispírito liga o corpo ao espírito, tem a forma do físico e traços fisionômicos idênticos. É constituído de material sutil, invisível aos nossos olhos. Médiuns videntes o veem, não ao espírito, do qual é inseparável.

Reveste-o e o acompanha após a morte do corpo. De natureza etérea e muito plástico, ele pode tomar aparência de qualquer dos corpos de que o espírito já se serviu; mas, de ordinário, se fixa numa forma que melhor combine com a sua personalidade.

Crianças e jovens desencarnados desenvolvem-se na espiritualidade, assumindo o visual que teriam quando adultos na Terra. Velhos remoçam à medida que avançam em espiritualidade. Nenhum mistério nisso, considerando que a criança aspira a crescer, o jovem a adquirir experiências e o ancião a recuperar o vigor. Há exceções por expiação ou livre escolha. Mas, notícias de parentes desencarnados, com aparência mais nova ou mais madura, se repetem em sonhos e visões. Na espiritualidade superior não existe velhice decrépita, nem infância desvalida.

Capítulo XVIII

MEDIUNIDADE

Conceito de mediunidade: Dom inato ao indivíduo, que permite intercâmbio com o mundo espiritual através da obtenção de manifestações de diversas naturezas; varia a intensidade, época de floração, sendo, ainda, comum aos sexos e às raças, independente do estágio cultural da pessoa.

Definição do espírito Ephigênio Sales Vitor na psicofonia de Chico Xavier: *Mediunidade é atributo peculiar ao psiquismo de todas as criaturas.*

A mediunidade não é privilégio e nem marca de santidade. Faz-se danosa à economia espiritual, quando usada para fins menos dignos; entre eles, satisfação da vaidade e recompensa material. A capacidade para fazer contato com a vida, no Além, traz implícita a responsabilidade de servir a objetivos maiores.

Mediunidade é encargo a assinalar condições precárias, do medianeiro, em relação a débitos. Ser médium significa ser devedor. A aptidão para o ministério mediúnico representa socorro da misericórdia divina, dando ao medianeiro o recurso de regeneração.

1 – Sintonia

Devido à predisposição orgânica, o médium se sujeita à sintonia com desencarnados de toda natureza: a morte não faz do homem ignorante um sábio num passe de mágica. Daí a necessidade do cultivo cuidadoso da aptidão, onde vigilância é fator primordial. Vigilância em relação a si mesmo, domando as paixões menores, policiando o pensamento, ações, palavras.

Equilíbrio emocional, serenidade e uma conduta reta em casa, no trabalho e em sociedade, são fatores que requerem atenção permanente. Não observando estas regras básicas, o médium corre o risco de cair, vítima de si mesmo.

2 – Diversidade mediúnica

Por infinitos meios se processa o intercâmbio com o invisível: médiuns dotados de possibilidades curadoras, os psicofônicos, escreventes, audientes, videntes, oradores, compositores, pintores, produtores de efeitos físicos etc. Alguns organismos se prestam a vários tipos de mediunidade simultaneamente, outros a apenas um. Mas, em qualquer tempo, podem desabrochar novas modalidades, pois a predisposição orgânica se desenvolve pelo exercício. Comum a todos é a mediunidade por desdobramento durante o sono. Temos vida intensa no período de repouso, conforme asseveram os espíritos benfeitores.

Prática mediúnica exige estudo e perseverança. De nada vale o pendor para a mediunidade escrevente, por exemplo, se o médium for analfabeto. Não dominando o idioma, o orador fica impossibilitado de verbalizar o discurso inspirado por sábio mensageiro. Pouco vale o esforço inspirador sem a estreita cooperação do aparelho, ou seja, o médium.

Os espíritos lançam a ideia, por telepatia, e o médium a interpreta com palavras próprias, escritas ou faladas; planejam uma obra de arte e a mentalizam para o medianeiro: se ele não desenvolveu o senso artístico, bloqueará a mensagem. Assim se fizeram grandes obras da literatura, música, arquitetura, das artes plásticas e até descobertas científicas. Resultam do esforço conjunto de inteligências encarnadas e desencarnadas. Excepcionalmente, provêm de um espírito encarnado, que, em vidas passadas, já desenvolveu, na mesma área, o pendor de agora.

Cumpre observar que avanço intelectual, por si só, não indica desenvolvimento moral. Há muitos talentos a serviço do mediunismo. Produzem obras ditas de arte e engenhos mortíferos, alheios aos sagrados objetivos dos próprios recursos. Poderiam canalizar conquistas, estéticas e da inteligência, para a sublimação da energia genésica e o incentivo à prática da fraternidade universal. Colocada a serviço do Cristo, a mediunidade se converterá em guardiã do Evangelho e meio de impulso renovador da humanidade.

3 – Deserção

Está na razão direta dos objetivos a natureza santa da mediunidade. Mas isso não a isenta dos escolhos, pois depende da direção que lhe imprime o médium. E este, no exercício do livre-arbítrio, pode se deixar influir por sugestões que o levem a falir.

Por sua característica identificadora de débitos do espírito, a mediunidade, ao aflorar, mostra a hora adequada à reparação. A tarefa medeia entre expiação e prova. Negar-se ao trabalho, seja o argumento orgulho, comodismo, falta de tempo ou fé, atrasa a marcha evolutiva do espírito. Do mesmo jeito, a má utilização do dom, de que o medianeiro deverá prestar contas no mundo dos espíritos.

Muitas perturbações, de ordem psicológica, têm origem no desleixo com a mediunidade. A recusa em se educar, pelo estudo, propicia distúrbios, que a medicina não diagnostica. Às vezes, são necessários tratamentos paralelos, o médico e o espiritual, para restauração do equilíbrio. Sucede passar à outra vida consequências geradas pela negação do exercício mediúnico, tanto ou quanto de equívocos no intercâmbio com as forças invisíveis.

Capítulo XIX

MEDIUNIDADE: OUTROS ASPECTOS

OS CORPOS FÍSICOS NOS servem e nos obedecem, como os veículos motorizados se guiam pelas mãos do motorista. Maus condutores lesam o mecanismo da máquina; nós eliminamos as possibilidades do corpo pelos excessos. Conquistas tecnológicas sofisticam os carros, fazem deles máquinas tecnicamente perfeitas. O homem exige especialização, procurando melhor se utilizar dos recursos materiais ao seu alcance.

Deus, Pai paciente, espera a maioridade moral de Suas criaturas. Medianamente desenvolvidos em inteligência, estamos aptos a usar os recursos tecnicamente perfeitos da mediunidade e melhorar o padrão moral. Tais recursos sempre estiveram à mão, mas embrutecidos, não os entendíamos ou os desvirtuávamos. Então, Ele mandou o filho nos abrir os olhos, à custa do próprio sacrifício, em missão de amor sublimado.

Depois de mais de dois mil anos do exemplo do Cristo – mensageiro de Deus – tivemos contato com rudimentos da mediunidade. Vemos dilatarem-se os mistérios do sobrenatural, aplicando-nos ao estudo do Evangelho. Interpretando-lhe a lição subliminar, apossa-se de nós a confiança e anula-se o assombro.

Tomemos da charrua, que Jesus nos entrega ao burilamento de nós mesmos, e dirijamo-nos, desassombrados, pelas estradas da vida.

1 – Prática cristã

Mediunidade sem o Cristo está fadada a promover a estagnação do espírito. Ela existe para servir ao progresso humano no seu sentido de imortalidade. A Deus não interessam questiúnculas de ordem material, interessa, sim, o crescimento moral das criaturas.

Estando todos a caminho, há irmãos encarnados e desencarnados em todo estágio evolutivo. Alguns desencarnados permanecem afivelados aos gostos mundanos e desejos de vingança, amando ou odiando na mesma intensidade. Encontrando o medianeiro, que se afine com seus pendores, a ele se associam, e temos aí um caso de obsessão.

Orai e vigiai deve ser o lema dos médiuns bem-intencionados e cientes da responsabilidade do mandato. Eles possibilitarão fenômenos sérios, onde a essência propicie o alimento espiritual. Um dos objetivos da manifestação é essa nutrição do espírito, que cresce em sentimento, amor e moralidade. O bom médium, com Jesus Cristo por espelho, obterá ensinamentos úteis à trajetória terrena dos povos em geral; com seu Evangelho de amor por diretriz, o caminho rumo ao Alto se ilumina, para o portador do ensino, e para nós outros.

Ilustremos com o que, céticos ou indiferentes, diriam mera curiosidade, todavia bem significativo para esta autora.

O primeiro livro espírita publicado, e enviado a Chico Xavier, ansiosa por mostrar serviço, ocupei o tempo dele com consulta descabida. Eu ainda claudicava em termos da doutrina e, numa carta, lhe indaguei sobre os meus deveres espirituais (!).

Mas o espírito Emmanuel respondeu, conforme manuscrito do médium de Uberaba, MG, datado de 15-09-1993 (veja trecho do manuscrito na pág. 175):

> O nosso abnegado Emmanuel, benfeitor de todos os dias, recomendou-me dizer-lhe que o seu trabalho no campo de nossos ideais espíritas cristãos é de alto valor para a comunidade em geral e que você não pode duvidar disso. (...) No momento em que Emmanuel falava (...) estava com ele o poeta Casimiro Cunha. Solicitado, por Emmanuel, a dar alguma opinião sobre nossa tarefa de médiuns na Seara do Bem, Casimiro tomou minha mão e escreveu esta trova:
>
> Trabalha, serve e auxilia
> Não importa quanto e quando...
> Na Terra, em cada minuto,
> Alguém está naufragando.

Ao meu pedido de autorização para dar publicidade

à trova, o médium disse, no dia 04-10-1993, que apresentou a Casimiro Cunha a sugestão, e ele respondeu (trecho do manuscrito na pág. 176):

> (...) seria melhor elastecer o tema (...) e escreveu as trovas que passo a transcrever para (...) complementar aquela que ele lhe ofertou:
>
> A queda maior da vida
> Em qualquer clima ou lugar,
> É o naufrágio no dever
> Queda pior que no mar.
>
> Naufrágios? Quem segue o Cristo
> Vence pedra, espinho e bruma,
> Não foge ao caminho estreito,
> Nem teme treva nenhuma.

Eis aí, então, uma conversa entre duas dimensões da vida, algo natural em mediunidade; o poema foi ditado em dias diferentes, por Casimiro Cunha, a Chico Xavier: uma pessoa encarnada fez pergunta ao médium, que a transmitiu ao espírito-poeta, e a resposta veio num recado, completa, coerente, e sem margem à dúvida.

O diálogo, do mundo material com o espiritual, foi usado nas pesquisas de Allan Kardec para explicar os fenômenos espíritas, tidos, inicialmente, por sobrenaturais. Nas suas observações, primeiro estudou-os e eliminou as próprias dúvidas; só após entender, e possuir embasamento para acreditar, codificou os postulados da doutrina espírita, reunidos nas obras básicas.**

Posteriormente, vemos Emmanuel, em intenso intercâmbio com grupo espírita, organizando e sistematizando estudos doutrinários como *O consolador*, psicografia de Chico Xavier: o grupo perguntava, e ele respondia. Essa mesma técnica, do diálogo, serviu a outros estudiosos da doutrina.

2 – Mediunismo

Ao tempo da Roma antiga, as profetisas e suas práticas mediúnicas se multiplicaram. Tomadas por feiticeiras, muitas foram queimadas vivas. Usavam objetos para o ritual de evocação dos espíritos, que chamavam de deuses, duendes, gênios etc. Hoje está provada a sua inutilidade. Talismãs, incensos, imagens, patuás, e coisas do gênero, se prestam à mera encenação, para impressionar. Basta a força do pensamento para atrair os espíritos. Mas, como todo comércio pede a exibição do produto e suas vantagens, também essa atividade requer certo aparato.

À mediunidade dos ledores de sorte, jogadores de búzios, videntes, cartomantes etc., ou seja, ao dom vendido, chamaremos mediunismo.

Nessa altura dos apontamentos já podemos concluir sobre a natureza dos espíritos que assistem a esse tipo de intercâmbio. Entidades evoluídas jamais se

---
** *O Livro dos Espíritos, O Evangelho segundo o Espiritismo, O Livro dos Médiuns, O Céu e o Inferno, A Gênese.*

prestariam ao comércio e às diversões inconsequentes dos encarnados.

3 – Mediunidade em crianças

Por ser inata, a mediunidade pode, eventualmente, manifestar-se em tenra idade. Como agir nessas circunstâncias? Com a máxima naturalidade. Não é prudente incentivar a criança, interrogando-a sobre o que vê e ouve. Antes, deve-se distraí-la, falando de outras coisas, se ela anuncia o fenômeno, seja de modo despreocupado, seja com assombro. Nem mesmo é aconselhável comentar o assunto na sua presença.

Antes dos dezoito anos a criança/adolescente nem sempre está preparada para exercer a tarefa que lhe assinala a existência. Primeiro, é necessária a evangelização, que pode, e deve, se iniciar desde pequenina. Para tanto, os bons exemplos dos adultos, o amor e respeito deles ao se referirem a Deus, o hábito da prece antes de dormir etc., são valiosos. Dos quatro anos em diante, a evangelização na casa espírita é um suporte importante às preliminares noções de berço.

À criança-médium convém o uso de água fluida e recepção do passe magnético. Nos casos de mediunidade muito aflorada é bom o acompanhamento psicológico também. Desde que o profissional da área admita a vida extrafísica e suas influências no plano físico. Não entreguemos a criança nas mãos de materialistas e ateus, pois sua mediunidade, nesse caso, será abordada de forma desastrosa.

Busquemos o auxílio de pessoas com conhecimento da mediunidade da criança/adolescente para desenvolver seus potenciais morais e espirituais. Só Jesus, na sua perfeição, deve ser o norteador dos ensinos, agora à luz da doutrina espírita, para orientar os médiuns no seu mister.

Capítulo XX

MAGNETISMO

DESDE TEMPOS MUITO REMOTOS o magnetismo é usado na cura de moléstias. Emmanuel dá notícia de velho papiro, datado da Era de Ramsés, do Egito, onde se lê: *Pousa a tua mão sobre o doente e acalma a dor, afirmando que a dor desaparece.*

Jesus Cristo empregou o fluido magnético em larga escala, durante a vida terrena. Curou doentes, físicos e mentais, movimentando energia com a força do pensamento. Para termos uma noção sobre isso, imaginemo-nos submersos numa massa fluídica, como no fundo do oceano. Essa massa é matéria, posto que, em estado etéreo, no mais alto grau de pureza; é plástica, portanto maleável, e também eficiente condutora de energia. O pensamento – o bom e o mau – impulsiona-a em ondas vibratórias, num crescendo, impressionando o alvo a que se dirige.

A massa fluídica que nos cerca em todos os sentidos é denominada fluido universal. Constitui a base de tudo no universo, prestando-se a infinitas combinações, gerando, assim, a diversidade das matérias ponderável e imponderável.

Visto com desconfiança a princípio, hoje a ciência oficial já não opõe resistência ao magnetismo. Emprega-o em muitas de suas práticas experimentais, por exemplo, a hipnose. Mas o magnetizador dá o seu próprio fluido, e o médium-curador transmite o fluido salutar dos bons espíritos.

1 – Água fluida

Produto da manipulação direta de espíritos, a água se torna fluida, magnetizada ou benta, adicionados elementos de origem espiritual. Por isso, só raramente se alteram seu aspecto e sabor. Analisada com aparelhos terrenos não acusa mudança na composição. Ao microscópio não revela organismos novos.

Os fluidos, depositados na água de uso do doente, atendem às suas necessidades específicas de ordem física e espiritual. Mas, de ordinário, ela se presta a uso coletivo, alimentando e fortalecendo o espírito. Numa comparação grosseira, a água fluida está para o espírito como as vitaminas estão para o corpo. Seu uso permanente eleva o padrão das emissões vibratórias espirituais.

Pode-se obter água fluida em casa, desde que se cultive um ambiente saneado. Isso se faz pela vigilância, harmonização e, principalmente, com a prática do Culto do Evangelho no Lar. Nessa hora, com a permissão de Deus, os mentores do culto promovem a fluidificação da água exposta.

2 – Visitas espirituais

Somos permanentemente visitados por espíritos. Julgamo-nos às vezes escondidos, mas eles nos observam sem se fazerem notar. O que se disfarça para os vivos não é segredo para os mortos. Eles, porém, só testemunham o que lhes interessa. Espíritos adiantados fiscalizam ações positivas e respeitam nossa privacidade; os ignorantes participam dos atos negativos.

Através do cultivo sistemático de trabalhos de assistência moral ou material, em dia e hora certos, pode-se programar visitas espirituais. O mesmo se dá em relação a estudos e projetos com fins nobilitantes. Os cooperadores do invisível, sempre prontos ao auxílio aos que desejam servir, organizam-se de modo a estarem presentes no horário.

Outra alternativa para o contato combinado é o Culto do Evangelho em hora estabelecida. As reuniões mediúnicas, a ministração do passe e as atividades gerais do grupo de trabalho, igualmente. Tudo que se planeje com antecedência, e não prescinda do apoio do Além, implica em compromisso recíproco. Por aí se vê a importância da disciplina e pontualidade. A não observância do calendário e do relógio causa danos à agenda dos espíritos, prejudicando a ajuda essencial.

Não vá o leitor julgar que seja preciso programar e regular as nossas necessidades. Falamos aqui das ocasiões em que as visitas espirituais se sujeitam à programação prévia. Nossos guias e protetores respondem prontamente a todo pensamento, evocação, rogativa.

Ao orarmos, ou quando estamos em aflição, os amigos invisíveis se fazem presentes. Também participam dos momentos de júbilo em função do progresso.

Nomes e endereços registrados nos centros espíritas, objetivando assistência, são catalogados em fichários da espiritualidade. Constata-se, numa primeira visita, o gênero da necessidade e consequente recurso de merecimento. Escalam-se, então, espíritos para se encarregarem do acompanhamento do caso. Essas entidades visam a harmonia do espírito, e a direção dos fatos nem sempre corresponde às expectativas terrenas. O que julgamos um mal, na maioria das vezes, é remédio salvador, em consonância com os interesses da vida imortal.

Algumas casas espíritas programam com seus mentores visitas espirituais em domicílio. Marcados dia e hora, o doente se recolhe ao leito. Recomenda-se penumbra, não fumar e, caso tenha sono, dormir. Geralmente é colocado à cabeceira um vasilhame com água para ser fluidificada.

Nós presenciamos um fato desse, certa vez, em Uberlândia, Minas Gerais. A visita foi monitorada por centro espírita sediado em Campo Grande, Mato Grosso do Sul.

O doente recebeu instruções para se isolar durante uma hora, o intervalo em que se daria a visita de minutos. Na casa só havia mais duas pessoas, em prece, no quarto vizinho. Findo o prazo, o paciente disse nada ter percebido de extraordinário. Cochilara, e gostaria de ter tido um sinal como prova da visita. Ao tomar a água, teve a confirmação do socorro espiritual. Quatro parentes, sem fé, confirmaram o gosto forte de remédio.

— *Então eles estiveram aqui!* — disse o visitado, vivamente.

3 – Passe magnético

Se vislumbrássemos a cena invisível que se desenrola numa Câmera de Passes, a adentraríamos como num santuário. Ela é templo de fé e retiro para reflexão; é complexo hospitalar e clínica psiquiátrica; é sala de cirurgia, terapia e recuperação equipada com aparelhos ultrassensíveis. Equipes de benfeitores operam, com a colaboração dos médiuns passistas, autênticos prodígios curadores.

A maior eficácia do passe depende da atitude mais ou menos receptiva do postulante. Sendo transmissão de energia, a postura negativa cria escudos à penetração energética. Evitem-se, pois, a curiosidade, o deboche, a indiferença e a improvisação, fatores que movem muitos à procura do passe. É necessária a preparação prévia ao nos dispormos à busca do recurso benfeitor. E depende de certos cuidados a conservação dos efeitos benéficos da bênção recebida: o esforço concentrado na melhoria íntima, o combate aos erros que nos assinalam a conduta, o autoconhecimento etc.

Religiões, cujos fiéis comungam com pão e vinho, promovem o preparo antecipado dos crentes. Eles se limpam por confissões públicas ou privadas, arrependimento, jejuns, vigílias e penitências. Mas esse arrependimento há de ser sincero e combinado ao desejo de não incorrer nas mesmas faltas. Caso contrário, o professo só deglute substâncias, não importa se sólidas ou líquidas, mas sem significação.

O espírito André Luiz, em seus estudos de edificação e serviço, narra experiência curiosa através da psicografia de Chico Xavier: Assistindo à missa, verificou que, das dezenas de comungantes, apenas uma senhora entronizou, com a hóstia, a luz divina no coração. Indagou de seu instrutor espiritual a razão, e soube que os demais comungavam por motivos estranhos à fé: obrigação perante a paróquia e a sociedade, dever mundano, hábito etc.

Com o passe ocorre o mesmo. Jesus disse que nos reconciliássemos com o adversário antes de oferecer dádivas a Deus. O passe é compromisso com o Evangelho, aliança com Jesus para que instalemos, em nós, o reino de Deus-Pai.

Capítulo XXI

CARIDADE

MÚLTIPLAS SÃO AS FACES da caridade, móvel impulsionador do progresso. A começar da caridade conosco, arregaçando as mangas no combate aos defeitos pessoais. Agradeçamos a Deus por já sermos o que somos. Viemos de um passado de lutas contra nossos próprios demônios; rejubilemo-nos a cada vitória do bem em nós. Isso acumula energia para novas arrancadas em prol do avanço pessoal.

Caridade conosco reclama serenidade no trato com os tropeços diários e confiança nos sábios desígnios da Providência. Inclui o zelo do corpo material, instrumento de nossa posse e governo. Inclui a compreensão de que temos limites e deficiências, sendo impraticável adquirir perfeição de uma hora para outra; que a renovação interior é conquista de labor diário, centímetro a centímetro, conforme as possibilidades disponíveis. Em nível físico, parcimônia alimentar, higiene corporal, tratamento médico das enfermidades, evitando ansiedade e aflição em face das doenças. Em nível moral, conduta reta, nenhum vício, discrição no falar, no agir e na aparência. Ambos os níveis, físico e moral, se entrecruzam e se enxertam, pois a observância de um conduz ao outro.

Resulta em melhor qualidade de vida o cuidado com as artes e a natureza. Todo aquele que age nesse sentido é beneficiado com a lei de retorno. Logo, a proteção à cultura e ao meio ambiente é uma espécie de caridade indireta em relação ao agente protetor.

1 – Caridade e ostentação

Vejamos no mendigo de mão estendida na via pública o reflexo da nossa omissão. Ao dar-lhe esmola, pensemos: *Sou responsável por isso*. E não reneguemos o rubor da face, ele é justo, produto dos brios de quem começa a entender a verdade.

O nobre Emmanuel diz: *Faça o bem e passe*. Mas façamos direito, acompanhando o gesto com um sorriso e palavra de conforto. Muitos dos que jamais negam uns trocados se recusam a apertar a mão do pedinte. Displicência, asco, desprezo, assim como a vaidade de se mostrar, anulam o benefício do auxílio, humilhando ao invés de confortar. Fazer o bem e passar, alerta-nos de que não nos compete inspecionar o destino da dádiva. Alerta-nos, também, sobre a bondade de Deus, que a ninguém deixa ao léu de socorro, conforme reclame o patamar evolutivo. Mas evitemos envolvimento emocional com os problemas alheios. Se igual a uma esponja os absorvemos, ao invés de ajudar turbamos a paz que devemos difundir.

Efeito de erros coletivos, a mendicância é provação típica da natureza do Planeta. Nada garante que também não a sofremos ou vamos sofrê-la ainda. E se agora não rastejamos pelas sarjetas da miséria, talvez o faça algum espírito muito querido ao nosso: um pai, uma mãe, um filho, um irmão de encarnação anterior.

Outro aspecto muito comum de caridade material é a benevolência. Fazem-se campanhas para arrecadação de fundos posteriormente empregados em assistência social. São válidas as campanhas beneméritas, as promoções festivas com esse fim, pois as Casas Benfeitoras não dispõem de numerário próprio. Mas, sujeitas a equívocos, correm perigo de servir ao personalismo, alimentando o orgulho e a vaidade dos benfeitores engajados no projeto. Há quem use a caridade para a promoção pessoal e o aplauso alheio, desejosos de aparecer, não de servir.

A caridade que o Cristo ensinou é simples, modesta, silenciosa, de sentido puro e humanitário.

Muitos deploram a caridade material, com o argumento de que ela é da competência do Estado. Ora, o Estado somos nós! Outros alegam que esmola nada soluciona. Não soluciona, é verdade, mas pode impedir que, o irmão aflito, caia no abismo do desespero e da delinquência; pode levantar por algumas horas as forças que falecem, dando tempo do recurso, a caminho, chegar; pode abrandar a fome de alguém incapaz de raciocínio sobre competências de direitos e deveres, porque estômago vazio dói; pode aquecer, por uma noite, o corpo espancado pelos golpes do vento frio.

Dá do que te sobra, faze mais, dá do pouco que tens. O óbolo da viúva supera, em significado cristão, o supérfluo do luxo dourado. Não é o valor da oferta que conta, e sim o desprendimento do ofertante, sua motivação íntima.

2 – Fora da caridade não há salvação

Jesus exemplificou o valor da caridade até *in extremis*. Primeiro, deixou que o ajudassem a carregar a cruz, missão aceita com desassombro, por amor de nós. Depois, suportou, paciente, os abusos dos seus algozes, aceitando-os conforme eram: criaturas de Deus ainda ignorantes das verdades eternas. Por fim, perdoando-os, ainda teve amor bastante para rogar também ao Pai o perdão para eles.

Com a máxima: *fora da caridade não há salvação*, Jesus não nomeou cultos específicos, e, sim, uma ação irrestrita de amor. O *amai-vos uns aos outros* não requer rótulo para a prática. Há quem não frequente templos religiosos e é exemplo vivo de fraternidade cristã. Na caridade, conforme o Cristo, o agente pensa primeiro no outro, depois, em si próprio. Síntese perfeita dela está contida na parábola do bom samaritano, peça de profundo sentido moral e filosófico.

3 – Caridade moral

Muito difícil, para nós, e em certos casos impossível, é a caridade moral. A aceitação do outro como é, o perdão das ofensas. Nossa condição evolutiva ainda não nos possibilita a prática incondicional do perdão, pois perdoar significa esquecer totalmente o malfeito. Já desculpamos, estamos a caminho, mas não conseguimos perdoar sem restrições.

Partindo da desculpa sincera, somos capazes de trabalhar a mágoa, moldando-a pelo raciocínio: se fui ofendido, colho o fruto que plantei; na mesma situação, talvez eu agisse igual; o ofensor não teve a oportunidade que tive para compreender o porquê de estarmos aqui, agora; por que remoer a raiva, se tudo passa? Deus pode me chamar, ou ao adversário, a qualquer momento. Quem sabe ele terá razão? Talvez esteja em sérias provações.

Comecemos a orar pelos inimigos, encarnados e desencarnados, e logo perceberemos mudança interior: aplaca-se o rancor aos poucos, germina a esperança em dias melhores, faz-se presente a serenidade.

A prece pelo outro, encarnado ou não, representa remédio magnético de restauração de forças. Até o último dos condenados, em cela solitária, pode orar por terceiros e, assim, fazer caridade.

Queixam-se, os desprovidos de mínimos recursos materiais, de nada poder oferecer. Mas estes têm a capacidade de sorrir, e o sorriso saneia ambientes deteriorados; têm o dom da palavra, e o verbo são espalha luz sobre a treva da ignorância; têm mãos capazes de prestar pequenos serviços e pés aptos a procurar socorro mais efetivo. Visitas a enfermos, doentes esquecidos, presidiários; leitura de página edificante para o cego ou analfabeto; dar um telefonema, escrever um bilhete reconfortante; ouvir, paciente, o desabafo do interlocutor em desequilíbrio, são exemplos de prática fraternal.

Ninguém está excluído do dever de servir. Cada atitude de amor representa um tijolo na construção da vida espiritual. Toda ação, boa ou má, fica registrada nos arquivos da história milenar do espírito. Sua rememoração perante a consciência individual é possível a qualquer tempo.

Capítulo XXII

BRASIL, CORAÇÃO DO MUNDO, PÁTRIA DO EVANGELHO

SAIU, NO ANO DE 1938, a primeira edição do livro *Brasil, coração do mundo, pátria do Evangelho*. Foi ditado a Chico Xavier pelo espírito Humberto de Campos – o Irmão X. Trata-se de leitura obrigatória a todo espírita brasileiro. Nele está contido o relato das decisões espirituais sobre o papel do país na disseminação da doutrina.

O Brasil foi escolhido para sediar o movimento espírita, irradiando as luzes do cristianismo explícito às outras nações. Desde os anos trinta sabemos disso e vimos testemunhando o cumprimento da notícia. Avança a ideia espírita mercê da cooperação de inúmeros pioneiros dedicados à causa. A braços com dificuldades, preconceitos e perseguições ideológicas, autênticos desbravadores das trevas seculares, lançam lume ao seio escuro da ignorância. Gente do naipe de um Bezerra de Menezes, Leopoldo Cirne, Eurípedes Barsanulfo, Bittencourt Sampaio, para ficarmos só em exemplos. Gente do valor de medianeiros humildes e trabalho gigante, mártires passados desapercebidos do mundo e glorificados ante Deus. Passou por aqui uma plêiade de entidades de escol na tarefa de transplante de mudas doutrinárias do nascedouro, em França. Depressa elas se enraizaram e deram sementes, que germinaram na mente brasileira, húmus adequado à expansão. Permanecem entre nós valorosos obreiros engajados na solidificação do edifício espírita, cada um assentando o tijolo do esforço pessoal. Reencarnam novos emissários para o trabalho de regeneração dos que se transviaram.

1 – Espiritismo no Brasil

Fala-nos Humberto de Campos sobre memorável reunião no espaço, chegada a hora propícia à propagação da verdade divina. Presidiu-a o próprio Jesus Cristo, que elegeu a pátria do cruzeiro como futuro berço da evangelização:

> *Para esta terra maravilhosa e bendita será transplantada a árvore do meu Evangelho, de piedade e de amor. No seu seio dadivoso e fertilíssimo, todos os povos da Terra aprenderão a lei da fraternidade universal. Aqui, sob a luz misericordiosa das estrelas da cruz, ficará localizado o coração do mundo!*

Isso se passou antes da descoberta, **não por acaso**, da América e, consequentemente, do Brasil.

Plasmar a índole dos futuros habitantes da região

brasileira foi o passo seguinte dos espíritos encarregados da execução do projeto. Já os nativos, reencarnados logo depois da chegada dos portugueses, passaram a refletir os objetivos estipulados.

Mistura de raças: *No seu seio dadivoso e fertilíssimo, todos os povos da Terra aprenderão a lei da fraternidade universal.*

Índole pacífica: *Para esta terra maravilhosa e bendita será transplantada a árvore do meu Evangelho, de piedade e de amor.*

Sentimentalismo: *Aqui, sob a luz misericordiosa das estrelas da cruz, ficará localizado o coração do mundo!*

Primeiro os índios – os simples de coração, – depois, os degredados e os africanos, – sedentos de justiça divina, – e ainda os imigrantes de todas as raças, contribuindo para a formação da alma coletiva de um povo bem-aventurado pela sua mansidão e fraternidade.

Somos uma gente mística e fervorosa, elaborada ao correr dos séculos. Convivemos ora com um padre Manuel de Nóbrega – antiga encarnação de Emmanuel –, ora com um José Bonifácio, ora com um Pedro II, de permeio com obreiros anônimos. Credores da confiança de Jesus, o Governador do Planeta, iniciamos a tarefa que ele nos delegou. Aos poucos vencemos empecilhos à marcha renovadora, melhorando-nos um a um, para que se melhorem as instituições. A obra é de baixo para cima, do menor para o maior, lenta e ousada. Ou, conforme Bezerra: *urgente, mas não apressada.*

Repontam aqui e ali os frutos do esforço empreendedor. Em edições de 9 a 10 de dezembro de 1988, relata a

Folha de São Paulo que, segundo cosmonautas soviéticos: *fachos de luz do Brasil acordam os tripulantes da Mir.*

A revista *Reformador*, editada pela Federação Espírita Brasileira, número de setembro de 1990, analisando o assunto, informa: o nome do cosmonauta é Iuri Romanenko, e se diz materialista e ateu. A jornalistas, declarou que *os cosmonautas sabem quando estão sobre o Brasil porque percebem pequenas explosões de luz*. Sendo materialista, ele atribui o fato a questões geológicas, em razão da elevada concentração de ferro e minerais existentes no subsolo brasileiro.

Mas, na mesma reportagem, a revista, isenta como devem ser as publicações, mostra outra face do assunto. Não encontraram explicações para essas luzes dois expoentes do mundo científico: o geólogo Juércio de Mattos, do Instituto de Pesquisas Espaciais de São José dos Campos, e o astrofísico José Antônio de Freitas Pacheco, professor titular do Instituto Astronômico e Geofísico da Universidade de São Paulo. Ambos os cientistas consideram a semelhança do solo brasileiro com o resto do Continente Sul-americano. Mas os clarões só se manifestam no território do Brasil.

2 – Chico Xavier

Tratando-se de espiritismo cristão, Chico Xavier é citação obrigatória. Não que ele tenha sido um chefe religioso, a doutrina espírita dispensa direção e liderança terrenas. Dirigem-na Benfeitores Espirituais, diretamente da esfera astral, pela transmissão de instruções a todos, indistintamente: de qualquer posição social, credo, raça, ideologia, sexo.

Na prática espiritista destacam-se os mais humildes, não necessariamente incultos, mas os que melhor distribuem os dons do amor e serviço. As lideranças emergem naturalmente da própria condição do mérito espiritual. Daí a serem líderes liderados por uma potência maior, se assim podemos nos expressar. Esses líderes se constrangem frente às distorções que o populacho lhes empresta, cumulando-os de privilégios e destaques. Elogios e benesses os preocupam, ao invés de agradar-lhes.

Marcou Chico Xavier essa postura modesta, simples, o esquecimento de si mesmo em benefício do próximo. Missionário de Jesus por excelência, maior expoente do espiritismo em terras americanas, no mundo compara-se a Kardec. Mas, embora tendo consciência disso, a fama não lhe subiu à cabeça.

Órfão desde os cinco anos, criança sofrida, de mediunidade mal interpretada, padeceu horrores com paciência fora do comum. Vida cândida, como o próprio nome, total dedicação à prática do bem, renúncia de toda aspiração pessoal: eis uma pálida imagem de Francisco Cândido Xavier.

Só estudou até a 4.ª série do 1.º grau, tendo ingressado no serviço público federal para sustentar os irmãos menores. Aos dezessete anos iniciou-se na prática mediúnica, sem abandonar o trabalho até a aposentadoria. Nasceu em Pedro Leopoldo, Minas Gerais, transferindo-se para Uberaba, no mesmo Estado, já rapaz. Residência modesta, jamais aceitou presentes ou pagamentos de qualquer espécie pelos serviços e consolos que prodigalizava. Sempre lembrava sua condição de mero instrumento da vontade de Deus e de Jesus, repetindo: *Sou apenas um cisco.*

Passou adiante, no ato, doações que o pegaram de surpresa, conforme a de um pedaço de terra em Goiás, já sacramentada em cartório: instruiu a imediata transferência para uma instituição de assistência social.

Médium de múltiplas possibilidades: audiente, vidente e psicofônico, além de escrevente mecânico com ambas as mãos, sem prejuízo da fala. Escreveu mais de quatrocentos livros, milhares de mensagens avulsas e centenas de cartas de desencarnados para os parentes. Nos escritos repontam tratados científicos e filosóficos, que seu nível cultural não sustentaria: observam-se conteúdos abstratos, complexos e termos técnicos cifrados. Várias obras psicografadas por Chico Xavier foram traduzidas nos demais continentes e países da América. Alguns dos autores espirituais: Emmanuel, André Luiz, Meimei, Casimiro Cunha, Hilário Silva, Humberto de Campos – o Irmão X.

Escritor desencarnado ditou a Chico Xavier obra no mesmo estilo de quando escrevia encarnado. Resultado: o médium foi acusado de plágio, perseguido e caluniado. Mas a justiça dos homens lhe deu ganho de causa, já vitoriosa no Além.

No passado milenar de Chico Xavier há o registro de que Emmanuel, seu guia, foi pai dele à época de Jesus. Então senador romano de nome Públio, Emmanuel buscou o Cristo na tentativa de socorro para o familiar (Chico) doente. Encontro discreto, pois o orgulhoso tribuno não podia arriscar sua reputação e tampouco confiava no poder de cura do Nazareno. Jesus não chegou a se fazer presença material no lar onde nosso Chico Xavier viveu sua contemporaneidade com ele. Mas, hoje sabemos que, diuturnamente, suas mãos amorosas deitaram luzes sobre a modesta casa em Uberaba, onde o médium residia: o Chico foi veículo de amor, e de alerta sobre os principais fins do estágio do espírito num corpo material; e, por isso mesmo, ele promoveu, com Jesus, o regresso de muitas ovelhas desgarradas, entre nós, ao Rebanho do Senhor.

A conselho de guias e mentores, Chico Xavier, nos últimos anos da vida terrena, evitou exercer a mediunidade de materialização de espíritos: essa atividade o exauria, pelo grande dispêndio de ectoplasma, um fluido corporal amplamente manuseado pelo outro lado.

3 – Unificação

Nos primórdios do despertar espírita em terras brasileiras o movimento era esfacelado. Repontavam, aqui e ali, obreiros bem-intencionados, mas sua pregação se pulverizava sem um organismo que sustentasse os avanços.

A aspiração de unir as instituições espíritas em torno de um núcleo representativo data do século XIX. Bezerra de Menezes foi um dos artífices desse ideal. Allan Kardec já alertara sobre essa necessidade e mesmo após desencarnar, como fez depois Bezerra, insistiu na coesão dos fiéis. Mas, passo mais sólido rumo a esse objetivo só foi dado em 1901. Alterações nos estatutos da Federação Espírita Brasileira (FEB) permitiram filiarem-se a ela instituições espíritas de todo o país. Essa aproximação estava selada no espaço. Os trabalhadores na seara divina, inspirados pelos mensageiros da espiritualidade, se buscaram para a soma dos esforços isolados.

Já em 1904, em evento pelo centenário de nascimento de Allan Kardec, representantes espíritas de várias regiões firmaram importante documento: Bases de Organização Espírita, que preconiza a criação de uma instituição espírita na capital de cada Estado do Brasil. Essa célula estadual fica incumbida de filiar os centros e associações espíritas no respectivo Estado, filiando-se também à Federação. O documento inclui programa doutrinário fundamental, semelhante ao da FEB, baseado em obras da codificação.

Todo espírita vai ouvir referências ao Pacto Áureo, firmado, em 1949, por eminentes espiritistas do país. É um documento histórico do espiritismo no Brasil, ainda mais completo do que as Bases, ao incorporar seu conteúdo.

Atualmente, a FEB engloba as diversas correntes espíritas com base na união solidária, sem interferência na autonomia das sociedades filiadas. É o núcleo irradiador do espiritismo no Brasil. Ligam-se a ela as Federativas Estaduais, subdivididas em regiões, cobrindo o território brasileiro com a frondosa copa da árvore do Evangelho. Essa irradiação não interfere nas questões administrativas, e respeita a liberdade da prática doutrinária, observadas as diferenças evolutivas dos professos.

Funcionando, a princípio, no Rio de Janeiro, então capital do país, a Federação está sediada em Brasília. Num terreno, originado de doação, edifica, aos poucos, suas amplas instalações.

Não carece registro sobre a interferência extrafísica na doação da quadra e consequente transferência do Rio para o Distrito Federal. Antes de cogitações de mudança da capital do país, a espiritualidade já localizara a Casa Mater do espiritismo Brasileiro no Planalto Central. Nas esferas espirituais a própria construção de Brasília foi decidida antes que os homens pensassem nisso. Não surpreende, visto sermos governados por leis superiores.

Dirige a FEB, na outra esfera, o benemérito espírito Ismael, por delegação do próprio Cristo. Empenhado em reunir todos em torno do eixo central, não regateia esforços para evitar quaisquer iniciativas de divisão.

Ressalte-se, na FEB, a divulgação e propaganda espírita-cristã, pela edição de obras doutrinárias em português e esperanto; o cuidado com a evangelização infantojuvenil; a organização e promoção de congressos, seminários e cursos, com participantes estrangeiros.

Uma panorâmica do espiritismo com Jesus e Kardec, no Brasil e no mundo, temos na revista Reformador. Ela circula, ininterruptamente, desde 21 de janeiro de 1883.

Registre-se, também, a atuação de editoras espíritas, pelo país, além da edição independente de obras, de feiras do livro, e da abordagem da mídia. Jornais, periódicos, revistas, e folhetos de esclarecimento e conforto, circulam pelo nosso território e no exterior. Tais veículos levados a público, ressalvadas as limitações do atual estágio evolutivo do homem terreno, contribuem para o progresso integral do indivíduo.

CONCLUSÃO

EM RÁPIDAS PINCELADAS, TENTAMOS situar o leitor diante do espiritismo, na certeza de que não esgotamos assunto tão vasto. Registramos alguns tópicos significativos, deixando para autores mais preparados a análise aprofundada dos temas na sua abrangência. Variada gama de questões relevantes se nos desdobra ante as luzes desta reveladora doutrina, e nossas limitações aconselham a prudência. Não extrapolando do marco de aprendizes que nos cerceia o conhecimento, preservamos a pureza doutrinária, dever de quantos a amem.

Espiritismo requer estudo sequencial e metódico de todos que queiram assimilar seus princípios científicos. É filosofia coerente com a principal indagação do homem, ansioso por compreender a si mesmo: origem, natureza e destino. É religião e roteiro seguro para quem queira a paz interior, capaz de secundá-lo na conquista da fé raciocinada. Malvisto para uns, ignorado e caluniado por outros, o espiritismo se nos mostra simples na essência, grande na finalidade. Que finalidade é essa, senão promover o encontro do homem consigo mesmo e com o Criador?

Respondendo a algumas indagações do novel espiritista, nossa intenção foi preservá-lo de especulações desastrosas, posto que bem-intencionadas.

Vimos que tudo se relaciona e se entrecruza por força de duas palavras: causa e efeito; que o destino de cada um se prende a atos dele mesmo, perpetrados na sua liberdade de ação.

Vimos que o espírito, encarnado ou não, é personagem em franca atuação nos registros históricos. Ele constrói a História Universal, agindo sobre o estreitamento dos laços fraternos entre as comunidades em seu sentido lato: mineral, vegetal, animal, físico e extrafísico, em diferentes estados vibratórios e dimensionais.

Vimos que fatos aparentemente corriqueiros do cotidiano se englobam no projeto de elevação das criaturas rumo à felicidade, destino comum: relações de parentesco, amizade e inimizade, saúde e doença, riqueza e pobreza, beleza e feiura. Que não há limite à reencarnação, e as vidas sucessivas do espírito se influenciam reciprocamente. Vimos a dinâmica do espiritismo, que o faz observador e, às vezes, profético dos fatos. Não sendo estanque, acompanha, a par de novas revelações, o progresso das outras ciências, antecipando-se-lhes em certas circunstâncias. Ele não se alheia a nada, acontecimento algum, explicando, pela lógica, dilemas e conflitos da hora.

Vimos a intensa influência do mundo extracorpóreo sobre o corpóreo e vice-versa, o papel da mediunidade na ação evangelizadora e a importância relativa dos fenômenos.

Vimos o espiritismo negando o sectarismo religioso, no abraço às diversas modalidades de crença, compreendendo que todas levam ao mesmo objetivo. Que os males da humanidade se prendem a equívocos terrenos e se enraízam no materialismo ateu. E que os maiores inimigos do progresso espiritual, egoísmo e orgulho, alimentam a estagnação.

Vimos o porquê de ser o Brasil um país privilegiado. Nossos reveses são quase nada diante das misérias, convulsões sociais, guerras fratricidas das nações irmãs.

Por fim, sugerimos uma postura individual em prol da harmonia coletiva, sem esperar decisões de cima para baixo. Importa a consciência do dever cumprido, e de que o direito de um termina onde começa o do outro.

Isso vai se refletir, favoravelmente, na Administração Pública, não por acaso, gerida por este ou aquele grupo: todos, indistintamente, livres para fazer escolhas, mas igualmente responsáveis, por elas, perante as imutáveis leis divinas.

CARTAS DO CHICO

Uberaba, 15-9-93

O nosso abnegado Emmanuel, benfeitor de todos os dias, recomendou-me dizer-lhe que o seu trabalho no campo de nossos ideais espíritas cristãos é de alto valor para a comunidade em geral e que você não pode duvidar disso. (...)

No momento em que Emmanuel falava (...) estava com ele o poeta Casimiro Cunha. Solicitado por Emmanuel a dar alguma opinião sobre a nossa tarefa de médiuns na Seara do Bem, Casimiro tomou minha mão e escreveu esta trova:

Uberaba, 4-10-93

(...) seria melhor elastecer o tema (...) e escrever as trovas que passo a transcrever para (...) complementar aquela que ele lhe ofertou: (...)

(Assinado: Chico Xavier)